班主任
艺术管理解析与
课堂组织提问艺术研究

[李文东　何　发　刘利成◇主编]

电子科技大学出版社
University of Electronic Science and Technology of China Press

·成都·

图书在版编目（CIP）数据

班主任艺术管理解析与课堂组织提问艺术研究 / 李文东 , 何发 , 刘利成主编 . -- 成都 : 电子科技大学出版社 , 2020.7

ISBN 978-7-5647-8180-4

Ⅰ . ①班… Ⅱ . ①李… ②何… ③刘… Ⅲ . ①班主任工作—研究②课堂教学—教学管理—研究 Ⅳ . ① G451.6 ② G424.21

中国版本图书馆 CIP 数据核字 (2020) 第 146127 号

班主任艺术管理解析与课堂组织提问艺术研究
banzhuren yishu guanli jiexi yu ketang zuzhi tiwen yishu yanjiu
李文东　　何发　　刘利成　主编

策 划 编 辑　陈松明
责 任 编 辑　李燕芩

出 版 发 行　电子科技大学出版社
　　　　　　成都市一环路东一段159号电子信息产业大厦九楼　邮编　610051
主　　　　页　www.uestcp.com.cn
服 务 电 话　028-83203399
邮 购 电 话　028-83201495

印　　　　刷　河北盛世彩捷印刷有限公司
成 品 尺 寸　170mm×240mm
印　　　张　13.25
字　　　数　240千字
版　　　次　2020年7月第一版
印　　　次　2020年7月第一次印刷
书　　　号　ISBN 978-7-5647-8180-4
定　　　价　45.00元

编 委 会

前　言

　　班主任是教师队伍的重要组成部分，是班级工作的组织者、班集体建设的指导者、学生健康成长的引领者，是思想道德教育的骨干，是沟通家长和社区的桥梁，是实施素质教育的重要力量。班主任工作是学校教育中极其重要的育人工作，既是一门科学，也是一门艺术。

　　班主任在管理和日常工作中重点关注几个问题：

　　一是要有现代的教育理念。一些班主任带不好班，不完全是他的能力不足、努力不够，在很大程度上是他的教育理念出了偏差，这样的偏差会极大地影响到他的管理行为，从而也影响到他的带班质量。

　　二是要掌握并不断提高班级管理艺术。班级管理工作需要智慧，需要大智慧，因为我们的工作对象不是无生命的物体，而是一个个活生生的人，为此，需要班主任用心琢磨，掌握方法，提高技能技巧。

　　三是要掌握德育和心育的知识及规律。班主任要认真思考并努力改进德育工作的方式方法、形式手段，力求针对性和实效性。同时，因为学习压力大，学生在成长过程中存在许多心理问题，需要班主任予以关注并需要及时帮助疏通、缓解。

　　而课堂提问是艺术性很强的教学手段之一，也是课堂教学中必不可少的一种手段。它不但可以用来组织教学，反馈教学信息，而且对于培养学生的思维能力、创造精神大有益处。

　　课堂是千变万化的，学生在回答问题时不可能全部正确，因此，教师应充分利用自己的机智，注意提问的细节，根据情况的变化，有针对性地提出问题，不能不顾课堂的实际情况，而一味用课前设计好的问题。

　　班主任应该怀着求知若渴的心情和态度，认真地参加培训，用心地钻研业务；怀着"大爱""真爱"，去教育学生、管理学生、服务学生，努力当一名让学生受益、让家长满意、让学校放心、让社会尊敬的班主任!

本书是由第一主编李文东、第二主编何发、第三主编刘利成、第一副主编宋威、第二副主编宋开艳、第三副主编赵春媚、第四副主编张慧共同策划编写而成,李文东老师负责本书的第一章、第四章和第五章共约8万字,何发老师负责本书的第六章、第七章共约6万字,刘利成老师负责本书的第二章、第三章共约5万字,宋威、宋开艳、赵春媚、张慧四位老师协助策划、第四章第三节,第五章第二节共约1.5万字。

本书在撰写过程中得到编委会成员们很多的帮助与支持,同时也参考了许多前人的研究成果和专业书籍等,在此一并向有关人员致以诚挚的谢意。

编　者

C目 录
ONTENTS

第一章　班级管理概述

第一节　班级管理的含义

一、班级管理的内涵与方法

班级的管理有其自己的方法和内涵。《新课程标准》中明确指出"教师是个决策者，而不再是执行者"，因此对于班级管理，我们不能"一手包办"，也不能"放任自流"，而应该建立以学生为主体，全体参与；以教师为主导，整体调控的合作关系，建立一套自律的班级管理模式。班级作为学校教学活动的一个基础单位，其管理水平的高低，对学生能否健康全面地发展，对完成教育和教学的各项任务发挥着举足轻重的作用。为实施班级民主化管理，特拟订以下具体措施。

（一）形成良好的班风，培养学生良好的行为习惯

小孩天性使然，有的同学上课交头接耳、做小动作，有的下课追逐打闹、没有养成良好的学习和生活习惯，因此就必须从小事抓起，从细微处入手，逐步培养他们的良好习惯。多次实践证明，带好一个班的学生首先一定培养良好的班风和传统，学生自己形成的独特的班风和传统对于全班同学的思想和行为常常比规章制度更有约束力。著名教育家马卡连柯说过："任何东西也不能像传统那样能够巩固集体。"一种良好的班风，能够使那些不太遵守纪律的学生感到有一种无形的压力，时间长了就会被黑陶过来。在学生中常常提倡思想上互相帮助，学习上取长补短，大家畅所欲言，所带班级就会逐渐形成为一个既有集体、又有民主，又有纪律、又有自由，团结友爱、积极向上的班集体。学生在这样的环境下学习才能够有显著的进步。

（二）建立师生之间民主平等的关系

做好班主任工作，要有高度的事业心和强烈的责任感，关心爱护学生，建立

师生之间的真挚感情，这是班主任工作能否顺利开展的关键。班级当中的人际关系包括班主任与学生的关系、本班科任老师和学生之间的关系、生生关系等，其中班主任与学生的关系是最为重要的。

要营造班级民主氛围，仅仅靠班主任与学生的努力尚且不够，还应得到班级科任老师的密切配合。为此，我常常邀请科任教师参加讨论班级工作，把创设班级民主氛围的目的、要求、实施策略全部告诉科任教师。同时，班主任还应该及时调整好科任教师与学生的关系。因为老师和学生的关系对于班级的管理非常重要。通过师生双方的努力合作，班级中的民主氛围越来越浓厚，无论是教师还是学生，他们犯了错误都能主动地进行自我批评，做到严以律己，宽以待人，我们的班级风气大有好转、凝聚力越来越强，为创设文明班级奠定了坚实的基础。

（三）坚持与家长联系制度，共同做好学生教育工作

家长和老师都是学生的重要帮手。家访是教师对学生进行家庭访问和联系，试着了解学生在家庭的情况和学生在家庭及社会中的思想、生活、学习等各个方面的表现，从而得到对学生进行多个方面教育材料的一种教育活动方式。著名教育家苏霍姆林斯基曾说："没有培养不好的儿童，没有哪个儿童天生不可教：只有不能教的老师，没有不能教的学生。"学生有非常大的可塑性，学生的进步与退步，品行的良否，能力的高低，都和教师尤其是班主任有极大关系，只要使用的方法得当，教育是能成功的。而我认为成功的关键就在于：教师民主、学生自主。

二、班级管理的几种模式

（一）常规管理

班级常规管理是指老师通过制定和执行规章制度去管理班级的活动。我们所说的规章制度是学生在学习、工作和生活中需要遵守的行为准则，它具有管理、控制和教育作用，借助规章制度的制定，使班级各项工作有章可循、有条不紊，通过规章制度的切实贯彻，可以培养学生良好的行为习惯以及优良的班风。有了良好的班风才能够让学生更好地学习。

（二）平行管理

班级平行管理是指班主任既借助对集体的管理去间接影响个人，又借助对个人的直接管理去影响集体，进而把对集体和个人的管理相结合的管理方式。

（三）民生管理

班级民主管理通常是指班级成员在服从班集体的正确决定和承担责任的基础上，参与班级管理的一种管理方式，实际上就是发挥每一个学生的主人翁精神，让班级的每个学生都成为班级的主人。这样的做法可以让学生培养一定的管理能力和主人翁意识。

（四）目标管理

班级民主管理是指班主任与学生一起确定班级总体目标，然后再转化为小组目标和个人的目标，使其与班级总体目标结合在一起，形成目标体系，以此推进班级管理活动，成功实现班级目标的管理方法。这种办法也是现代企业常用的管理方式。

第二节　班集体在教育管理中的作用

每一个集体都有自己的位置。班集体是学生个体与学校教育、社会影响之间的一个"吸收转换器"。班集体介于学校、社会与学生个体之间，学校教育、社会影响对学生将产生怎样的作用，学生能否接受，常常取决于班集体对学生的影响。针对现在班集体工作中存在的问题，建设好班集体要从以下三方面的工作入手。

一、改善充实班级人际关系内容，提高其水平

班级群体成为真正的集体，必须经历一定的发展阶段，然而划分不同发展阶段的标准是群体人际关系的中介性质，它真实地反映出不同的人际关系内容和水平。著名苏联心理学家彼得斯基认为，"群体发展分为三个阶段或水平"。与此相应，其人际关系也分为三种水平：松散群体、合作群体、集体。这三种水平有各自的特点。

可见，群体、集体是由具体的不同的人组成的，这些人由复杂的人际关系系统联系着，而人际关系又决定着教育工作的开展。因此，改善和充实班级学生之间、师生之间的关系，使其关系能够逐步建立在共同奋斗的具有社会意义的崇高目标上。教师为了培养人才而教，学生为成才而学习，这种同志式的责任依存关系，从而使人际关系的内容从表层向深层发展，这是建设班集体的中心内容。所以，对于一个教师来说，如果能够清楚地看出集体形成过程中的各个阶段有关的人际关系的动态情况和变化方向，从而确定班级群体的发展水平，自主有效地引导班级群体向集体方向发展，这自然就意味着学生的教育工作有了十分重要的保障。而正是因为这项工作比较复杂，所以很多班主任都很难做到。

二、发挥群体动力在建设班集体中的作用

群体动力是指影响个体行为，同时也紧紧维系群体存在和发展的社会心理因素。例如群体目标的整合，群体的规范，群体的凝聚力等。这些群体心理因素，具有一股非常强大的动力，在很大程度上影响着每一个个体的认识与行为，使成员间表现互相一致的行为方式。从而影响整个群体的活动效率。只有个体的效率提高了，整体的效率才会得到提高。在班集体建设中，群体动力有着非常重要的作用。如果我们对这一点还没有充分地认识，就会使班集体建设工作失去实际的内容，同时也失去强大的推动力，可以列举我们班集体实际工作中的几个偏差例子，来说明这个问题。

（一）自然形成于自觉导向

班级一旦建立起来，在班级整体的活动中，在个人、社会各种因素的互相作用下，班级群体会逐渐形成自己的规范、舆论、人际关系、凝聚力等群体心理特点，在其形成的过程中，一旦缺少自觉的导向而放任自流，结果就很可能导致班群体动力的方向和学校组织的目标相反，班级群体规范的实际内容自然就成了打击先进，迎合落后，紧接着就会出现班风不正，人际关系松懈，组成团伙等各种不正常的现象，从而使学校教育制度受到严重阻碍，学生得不到健康地发展。所以，在班级营造良好的心理环境，就像良好的家庭环境一样对教育学生至关重要。不良的家庭环境很难培养出十分优秀的孩子，这要求我们在班级群体动力的形成过程中，自主地进行导向，通过思想教育、良好的行为习惯的培养，通过模仿、感染、从众、众从、服从以及认同等群体动力形成的有关心理机制，从而形成与学习组织目标一致的群体动力，如果形成了这种群体动力，班集体就是"水到渠成"，最终使学校教育获得事半功倍的效果。

（二）个人动机与群体动力

对学生个体行为的分析，我们常常只从个人动机方面入手，而不小心忽略群体动力对学生行为的影响，从而导致教育方法单一，简单化。在实际的工作过程中，我们感觉到班级群体经常出现一种"趋中"现象，也就是相当一部分学生的行为既不出头也不会落伍，而愿意在中游，这种个人行为的出现，常常是个人从个人与他人、与群体关系考虑，为了能够被他人、群体接受或容纳而导致的行为倾向。如果在班级群体中存在着一种积极向上的群体动力，这种"趋中"现象就很容易克服。相反的，如果没有这种动力，那么很多人就会变得比较消极。这说明，在建设班集体的过程中，一定不能孤立地去看每一个学生，要把他们每一个人放到群体的背景中、社会的背景中去认真研究。这样，在情感上才能理解和沟通；在问题的处理上才能找到根源，对症下药；在工作中才能真正克服方法上的片面性。做到要教育好学生，必须从抓班集体建设、塑造好班风的工作开始。想要改变学生错误的认知和行为，首先着手改变其参照群体的错误规范和传统方式。这可能就是教育中的"整体效益"吧。

（三）有形与无形

在建设班集体中，我们通常更多地注重有形的教育工作，例如向学生灌输党的教育方针、政策和正确的思想，这些都是无形的影响。班级组织建设，班级活动的安排，目标计划的制定，规章制度的确立等，这些有形的教育必须被学生所接受。假如学生对学习教育充耳不闻，视而不见，这种教育无疑就是"瞎子点灯白费蜡"。由此可见，在"授"与"受"之间，悄然存在着一种无形的中介因素，它能够成功铺平"授"与"受"之间的道路，也能在两者之间造成障碍。如果我们在建设班集体的工作过程中，能充分了解班级群体的心理状态，在此基础上科学地开展教育工作，就会使教育摆脱"说教"的形式，真正落实到实处，如果我们能着手营造一个高于社会心理环境的班级心理环境，就能扫除"授"与"受"之间的障碍，切实提高教育效果。班级群体的心理既是有形工作的科学心理依据，又是有形工作重要的心理基础。忽略了它，教育工作就是一副有名无实的空架子了。所以，切不可忽略班级群体的心理状况。在班级建设工作中，要克服以上三种偏差，就要求我们教师必须具备教育社会心理学的观点和知识，这些观点和知识能协助我们自觉地在班级群体中培养出与学校教育目标相同的群体动力，并利用它来完成建设班集体的工作。

三、首先形成教师集体

要建设好班集体，首先要形成教师集体。当教师们的工作和教师之间的关系能够把教育活动的目的、任务和意义作为中介时，就标志着教师集体的形成，长时间经验证明，班集体都是从教师集体的形成和团结开始的，这种现象主要体现在以下两个方面。

1.形成教师集体，每个教师都对学生全面负责，这样才能提高班级工作的质量和效率。

2.研究证明，学生关系的方式和性质通常取决于教师之间已经形成的关系性质。

通过什么样的途径，才能够有效地发挥班集体在学校教育管理中的积极作用呢？实践证明，下面三条途径是有效的。

（1）通过集体进行教育。就像前面所述，由于集体本身所具有的教育功能，集体对于学校教育具有特别的意义，通过集体进行教育是培育人的主要途径和手段。

（2）通过共同活动进行教育。学生总能在共同的活动中收获很多。班集体通过具有社会意义的多结构、多种方面兴趣的共同活动，培养学生的集体意识。这种多结构活动中的主导活动对学生的心理发展具有重要的意义，所以选择和组织实际体验学习的社会意义，体验将来职业活动的集体活动形式，能有效激发学生学习的积极性，能端正学风，切实提高学习效果和学习质量。

（3）自我教育与自我管理。在班集体的育人过程当中，充分发挥学生自我教育、自我管理的能动作用是非常重要的，学校教育深刻而丰富的内容，只有借助学生的内化，形成自我教育和自我管理的自主性，由"他律"变为"自律"时，教育工作才能够说达到了高效率。可以说，班级学生自我教育与自主管理既是班集体进行教育的途径，同时又是班集体教育的目的。

当代教育日益开放，社会对学生的影响越来越强，而学校教育对学生的影响远远不如社会对学生的影响。据调查，在影响学生思想的众多因素中，社会因素排在前面，学习教育因素排在最后一位。这个调查结果并不出乎大家的意料。这一事实为学习教育提供了一个非常冷静的背景，提出了学校教育并不是无限的这一观点。但是当这种限度低到不能真实反映学校教育的社会作用时，不能不说是学校教育的一种失误。要改变这种状态，使学校教育成为影响学生的重要因素。发挥其对学生教育的主导作用，在学校班级内努力创造一个高于社会心理环境的"小气候"，就显得至关重要。因此，我们有必要在新的事态下，重新认识班集体在学校教育管理中的位置与作用，转变陈旧的教育观念，舍弃呆板简单的工作方法，自主地运用科学的教育社会心理观点和知识，努力地建设班集体，有效地发挥班集体在学校教育管理中的重要作用。

第三节　如何建立优秀的班集体

班级是学校教育教学的一个基本单元，是学生在学校生活以及学习的基层组织，能否建立良好的班集体，形成团结、协作、勤奋、进取的班级精神。对于学生的健康成长和学校教育教学目标的实现，具有非常重要的意义。为此，老师和学生都要付出一定的努力。

班集体的形成是班级的社会心理结构等许多要素不断健康发展和不断完善的结果。作为班主任，切忌太过急切。要知道，一个良好的班集体并非一朝一夕就能形成的，它需要教师用足够的爱打开学生心灵的窗口，从而架起师生感情的桥梁，并积极发挥学生的主观能动性，培养学生自我管理和约束能力，让每位学生都能在班集体这个无比温暖的大家庭中找到自己合适的位置。

一、以情动人，架起师生感情的桥梁

良好的师生关系是班集体形成的重要条件，教师只有打开学生心灵的窗口，获得学生的信任与尊重，才能赢得建立良好师生关系的坚实基础。

对于教育工作者来说，师爱是一个亘古不变的主题，古今中外的教育家没有不谈到师爱的。"没有爱就没有教育""爱是打开学生心灵的钥匙"，这样的箴言有许多。爱学生是班主任沟通学生思想和情感行之有效的手段。尊重他们、信任他们、理解他们，并且积极主动与他们沟通。适时给予学生帮助让学生特别是后进生在教师的言行举止中深刻感受到真诚的爱，从而激发他们积极向上的精神。因此，班主任要时刻站在学生的立场上考虑问题，切实做到"一切为了学生，为了学生的一切"。只有你真正这样去做了，你才会真正理解高尔基的这句真理："谁爱孩子，孩子就爱谁。只有爱孩子的人，才会教育孩子。"

二、以理服人，创设良好的育人环境

培养正确的集体舆论。舆论的影响有好有坏，舆论是风气的向导，优良班集体的建立，离不开班级舆论的大力配合，当良好的风气还处于萌芽状态时，舆论力量就会发挥其"浇水施肥"的作用，使之更快地生根、开花，然后结果。当好的风气已经初步形成时，舆论力量应该大力宣传、颂扬、倡导，帮助它发展、一点点壮大、巩固；当好的风气受到某种挫折、干扰时，舆论应帮它鼓舞士气，排除万难；当好的风气已经稳固，成为优良班风时，舆论应当进行强化宣传，提出更高要求，使之成为班集体的一种优良传统。在班集体建设过程中。健康的舆论起着非常重要的作用。它是一种无形的力量，可以保证集体的发展方向，发扬积极因素，逐渐克服消极因素。

制定正确、具体、合理的奋斗目标。要知道，做每一件事情都应该有一定的目标。目标是一盏明灯，发挥着向导作用和激励作用。正确、具体、合理的班级奋斗目标，是成功激励学生奋发向上的手段，也是形成集体凝聚力的重要保证。确定目标应是合情合理的，因此目标的制定可试行"一大一小一经常"模式。也就是一学期一个大目标，一月一个小目标，一周一个训练点。例如；自觉遵守纪律、自觉完成课堂练习、自觉写完家庭作业、自觉预习和复习这四个训练点的难度一点点增加，有针对性，操作性较强，遵循学生身心发展特征，有较好的效果。目标一旦实现，便能够给师生带来心理上的满足。

健全完备评价机制。比较严格班集体的常规管理，是有效提高班集体教育质量的关键。学生求知欲旺盛，好胜心强，他们渴望得到认可，所以把竞争机制引入班级，让学生在评比中磨炼自己的意志，提高心理承受能力。为更好地达到这一效果，在班内开展规范评比活动，不断健全完善评价机制，量化管理。这是现代企业常用的办法之一。我在班内开展"争夺小红旗"比赛，把学习、纪律、常规、卫生进行分块管理，将结果及时反馈。每个月评选最佳小组以及个人，使好学生和后进生都有被大家认同的机会。激发了学生的热情，促使良好班集体的形成。

三、以境促人，培养学生自我管理能力

教育家魏书生说："管理是集体的骨架。"人没有骨架是无法生存的。班级是个小集体，管理工作当然特别重要，有良好的管理，事情就有了良好的开头。在班级管理中，不应该把学生放在被动地接受管理的位置，而应当把学生作为班级管理的主体，这样才能充分调动学生的积极性，培养学生的能力，从而提高班级建设与管理的效力。所以，班主任要注意引导学生增强自我意识，给学生树立一定的自主地位，让他们在班级设置的岗位中成功找到自己应有的位置，实现自我评价。例如建立班级岗位责任制，逐渐提高学生对班级管理的参与程度，提升他们的班级责任感和与他人合作的人际关系协调能力。班级管理把学生的需要作为依据，班主任随时认真听取学生的反馈意见，切实做好组织指导工作。

每个人都应该找准自己的位置。在班级管理中，班主任是组织者、领导者，把工作细化，分到学生手中。例如，谁负责开、关灯，哪个人负责开、关窗，谁负责给花浇水——虽然是很小的一件事，我都会安排专人负责。班干部和同学们负责监督其行为。低年级学生自我管理能力和责任感可能稍差一些，在同学们的共同督促下，逐渐培养了主人翁意识，同学们都能把"班"当作"家"。如今，班里遇到一些小问题，班干部都能自主解决，遇到一些大事同学们也能适时地出谋划策。总之，随着班级岗位责任制的顺利开展，学生的责任感和与他人合作的人际关系和协调能力都得到了增强。

总而言之，班集体的形成，充分体现了一个班的精神面貌和形象，真实地反映了集体共同的价值观念、道德观念和班级精神，反映了全班成员的思想认识、情感状态和意志力。一个良好班集体的形成，需要坚持不懈的实践。

第四节　班级管理中的情感管理

所谓情感管理，指的就是管理者用自己真挚的情感，增强管理者与学生之间的感情联系和思想沟通，满足学生的心理需求，逐渐形成和谐融洽的环境氛围的一种管理方式。情感管理必须以理解人、尊重人为前提。这也是它最根本的性质。如果教师无法尊重和爱护学生，那么这种管理难以施行。众所周知，中国是一个非常注重伦理文化的国家，伦理型文化通常依靠人与人的情感为媒介进行联系。然而学生在学校的生活与学习，就是一个与他人互相交流情感的一个过程，一旦情感交流不畅，很容易导致心理障碍，从而引发师生之间对立情绪的产生，如果情况十分严重，会导致学生用极端的行为来展现自己的心理障碍。

情感管理的理论认为，每个人都是需要他人尊重的个体，每个个体都有对关爱、情谊的深切渴望。所以我认为，教师在处理与学生的关系时，如果能恰当地将情感融入其中，能够大大缩小教师与学生的心理距离，这样一来就更容易进行情感管理了。

在实施情感管理的措施中我们必须要遵循以下几个原则。

一、能尊重学生

与学生交流的时候要拥有一颗平常心，不居高临下，靠威信而不是权力来约束。教师应该宽厚待学生，不要恶语伤人，不借机讽刺挖苦，不当其他学生的面揭短。长此以往，学生就会感受到你对他的尊重了。

二、能理解学生

教师应该掌握学生的思想动态，能够深刻体谅学生，对学生不求全责备，不过度训教。对于学生偶犯小错，能够好言指出，让其自责。

三、能关心学生

想学生之所想、急学生之所急，要认真听取学生的心里话，让他们敢于并愿意向自己说出自己的忧愁、埋怨或牢骚，从而让学生对老师有信任感。

四、能吸引学生

教师尽量做到学识渊博，教学功底十分扎实，不仅会与学生交流，而且会教学，借助自己丰富的学识和良好的教学效果赢得学生的敬佩和信赖。这样才能够聚合人心，形成合力，从而创建一流的班级。

"一枝一叶总关情。"我们在班级管理中多采用情感管理这个方法，尽量与学生做到彼此尊重，做到对学生真心的关爱，这样才能使我们的班级管理登上一个更高的台阶和水平。

第二章　班主任工作总述

第一节　班主任工作含义

一、班主任的地位与角色

在新的形势下，中小学班主任的角色定位更加丰富。在2006年8月31日教育部下达的《全国中小学班主任培训计划》中，指出："中小学班主任是中小学教师队伍的重要组成部分，是班级工作的组织者、班集体建设的指导者、中小学生健康成长的引领者，是中小学思想道德教育的骨干，是沟通家长和社区的桥梁，是实施素质教育的重要力量。"明确班主任的角色和地位，对于班主任认识自身的工作性质，从而科学地履行自己的职责是很有必要的。

（一）由居高临下转向"平等中的首席"

师生在人格上是平等的，应重新审视千百年来教师居高临下的"优越感"，构建平等、和谐的新型师生关系。这样说，绝不意味着班主任的重要性有什么降低。恰恰相反，班主任由原来的居高临下转变为"平等中的首席"，更能得到学生的认同和尊重。当然，这样做事实上也极大地提高了对班主任的素质要求，因为，在居高临下的师生关系中，"高"者容易当，而在平等、民主的氛围中，这个"首席"就更难当了。

（二）由督学督考转向学生生活的调节者

学校是人的社会化的最重要单位之一，而学校里，班级又是最重要的活动场所，学生一天中大部分时间是在班级里度过的。如果班主任所营造的这个空间呆板、单调、沉闷、紧张、乏味，那么，对学生来讲，一天一天真是度日如年。"考""分"固然重要，但教育不能窄化为分数，而且越是在分数压力较重的情况下，班主任越是要组织学生开展丰富多彩的活动，努力调节他们的学校生活，使学生的身心得到放松，让他们体会到童年的乐趣。

（三）由教官转变为学生心理辅导员

学生成长过程中会遇到各种各样的苦恼、烦闷、困惑、问题，其中，绝大多数并非思想和政治问题。几十年来，我们往往把思想教育、政治教育、道德教育、心理健康教育混为一谈，笼而统之地看作思想政治教育。严格说来，这是不科学的。学生中的问题更多的是心理上的障碍，是成长中的问题，在今天这样一个价值观多元、竞争激烈的时代，学生的心理问题会显得更加突出。对此，班主任必须及时地加以疏导、诊治，否则，就会影响学生的学业及身心健康。西方社会学者勒弗在《学校保健服务》一书中这样说道："没有一位将军愿意送一群不能作战的体弱残兵上战场，学校中的学生也会面临许多身心方面的困扰，即使是一些轻微的心理障碍或视听障碍，也可能给一个人的发展带来严重的后果。"

（四）由筛选者转变为学生成功的激励者

筛选者的角色很容易当，拿把尺子一量，把学生分为三六九等，决定谁上谁下，它的重要危害是某些学生在发展远未定型的少年儿童时代就被过早地宣判为"孺子不可教""朽木不可雕"。今天看来，班主任对学生尤其是因为种种原因而暂时处于落后状态的学生要多加激励。"边际效应"理论认为，你把1元钱给百万富翁，他的满足感是0；相反，你把1元钱给乞丐，他的满足感可能是100%。当然，这个理论用在这里也许不恭，但它至少说明，优生已经享受了足够多的关爱，家长护着，班主任夸着，老师宠着，他们如同生长在"蜜罐子"里一般，而后进生才是更需要关爱的一个群体。

总之，班主任是组织、教育、引导学生并与学生一起共同管理好班级的"组织者""指导者""引领者"，这较以前的班主任的含义与角色定位——班级管理者有很大的区别。

二、班主任工作新理念

对班主任工作来讲，班级管理的知识、技能非常重要，但是，教育理念同样不可或缺。或许有些班主任不太理解，理念是个很抽象的、无形的东西，我们看不见，也摸不着，要它何用？我们是做实际工作的，你只要告诉我怎么做就可以了。其实，这是一个错误而有害的认识。大家试想：脑袋不变，手会变吗？通常人们说，"观念决定行为"，就是这个意思。一位班主任，你有什么样的教育观、教学观、质量观、人才观、评价观、发展观，将直接、间接地影响到你的班级管理行为，从而也就直接、间接地影响到你的班级管理工作质量。

（一）用发展的眼光看待学生

学生是成长中的人，是发展中的人，作为成长、发展中的人，他们是不成熟、不完善的。学生的这种不完善是人的发展过程中的正常现象。从这个角度来讲，正因为学生的不成熟、不完善，才需要教育，才需要教师。

发展作为一个进步的过程，总是与克服原有的不足和解决原有的矛盾联系在一起的。没有缺陷、没有矛盾，就没有发展的需要。认识到学生是发展中的个体，就要理解学生身上存在的不足，就要允许他们犯错误。班主任要帮助学生解决问题，改正错误，从而不断促进学生的进步和发展，这是一种最基本的学生观。

（二）用赏识的眼光看待学生

世界上没有两片完全相同的树叶，也没有完全相同的两个人。世界上的每一个人都是独特的，人和人之间是有差异的。苏霍姆林斯基在《请相信：没有也不可能有抽象的学生》一文中，要求教师要了解学生的独特性。比如，让同样大的孩子去提水，有的孩子可能只能提五桶，有的孩子却可能提二十桶。如果你非要让只能提五桶的孩子也提二十桶，就会让他的身体受到伤害。学生不仅有身体上的差异，而且也有心智上的差异。人的智能是多元的，美国心理学家霍华德·加德纳将人类智能分为八种：语言智能、数理——逻辑智能、空间智能、肢体运动智能、音乐智能、人际关系智能、内省智能、自然观察智能。每个人都有优势智能，也有劣势智能。智障青年指挥家舟舟，其音乐天赋超出常人，对音乐的理解有其独到之处。在个性方面，每个学生也不相同。有的开朗活泼，有的内向沉稳，有的善于交际，有的喜欢独处等等。

班主任要发现每个学生的特长，赏识每个学生的独特性。赏识能帮助学生建立自信心。在赏识的目光下，孩子们感到自己在集体里不再是无足轻重、可有可无的人，因此抬起头、挺起胸，对自己充满信心。赏识，会培养孩子的责任感，在赏识力量的促动下，孩子们把"让同学因我的存在而感到幸福"作为自己追求的目标。赏识，会促使孩子自我完善，在赏识他人的过程中，孩子们自然而然地看到他人的长处，从而信任他人，欣赏他人。孩子相互间多了钦佩、学习，少了反感、嫉妒，在互敬互励中不断地吸收他人之长来完善自我，超越自我。

（三）学会尊重，凡事与学生"商量着办"

凡事与学生商量，是尊重学生的意愿，是民主的体现。让学生参与班级事务的决策，能让学生对做出的决定自觉遵守。

那么，怎样和学生商量呢？

首先，班主任要放下架子，不要高高在上，如果以领导的姿态出现在学生面前，那样就不会有真正的商量，学生怕了，哪儿还敢说话？

其次，"怡吾声，柔吾色。"即和颜悦色，放低你的声音，不要让学生觉得你在说教。我们可以这样对学生说："我想在班上组织一个互相关心的活动，你们觉得怎么样？""做家务可以体现我们的孝心，请大家回去每天做一件家务事，好不好啊？"

此外，要避免对学生无礼的命令。戴尔·卡耐基在《人性的弱点》一书中讲了这样一件事：有个学生把车子停在了不该停的地方，因而挡住了别人的通道。老师冲进教室很不客气地问："是谁的车子挡住了通道？"等汽车主人回答之后，这位教师厉声说道："马上把车子移开，否则我叫人把车拖走。"这个学生是犯了错，车子是不该停在那里。但是，从那天开始不止那个学生对老师心存不满，甚至别的学生也常常故意捣蛋，使那位老师不好过。如果这位老师用不同的方式处理这一事情，结果会如何？他可以好好地问："谁的车挡住了通道？"然后建议这位学生移开车，以方便别人进出，相信这位学生会乐意这么做，这样也不会引起其他同学的反感。换种方式，效果一定不同！

（四）任何时候都要坚持正面教育

坚持正面教育是班级教育管理工作的一条重要原则，也可以称为"积极对待的原则"。"正面"含有"尊重、信任、肯定、理解、体谅、宽容、期待、帮助、激励"等多方面的积极意思。

正面教育原则适用于以下两种时刻：一是普遍对待的时刻。它要求教育工作者平时开展工作的时候，始终坚持对全体学生实行积极引导的策略，相信每一个学生都有积极向上的愿望，都有健康成长、健全发展的能力，教师主要是扮演好一个积极的促进者、引导者的角色。二是特殊对待的时刻，就是当学生的成长、发展发生偏差、出现问题的时候，它要求教育工作者始终坚持积极对待的原则，相信"出问题"也是学生的不幸，不是学生主观所愿；相信出问题的学生有能力在别人的帮助下自己教育好自己，教师主要是扮演好一个帮助者的角色。正面教育原则用于特殊对待的时刻，具有特别重要的意义，它是最能体现教育的"人文关怀"精神的。

（五）一切为了学生的幸福——快乐与知识都重要

很多老师兢兢业业，无私奉献，从早到晚守着学生，心想"我这么辛辛苦苦为了谁？你们还有什么理由不苦练苦学"。在一些地方甚至津津乐道"三苦"精神—老师苦教，学生苦学，家长苦陪（陪读）。所以，一些老师是没有"儿童幸福"这个概念的。

人的幸福不光是"有吃有穿"。20世纪六七十年代的儿童，远没有今天的孩子吃得好，穿得好，但他们玩到了，他们上树捉鸟，下河抓蟹，上山砍柴，下水嬉戏……到今天还可以回味那份快乐和幸福。而现在的学生，作业成堆，补课补得没有节假日，没有寒暑假。尤其是即将面临中考、高考的学生，常常是伏案到深夜，清早又是全家最早出门的，累得他们甚至没有"玩"的欲望，常常"只想好好睡一觉"。上海的一项调查说：20%的少年儿童感到几乎没有玩的时间，80%的学生每天玩的时间不足1小时。近60%的学生每天睡眠在8小时以下，其中13%仅为6~7小时，甚至还有8%的学生每天在6小时以下，一个个都是"特困生"——人困马乏。被调查的孩子最想讨的"三大权利"是：玩、睡觉、自主阅读。

我们习惯于认为儿童的价值在未来，因而对儿童教育的价值取向也主要指向未来。而对人类现代教育发生了"哥白尼式的革命"影响的美国著名教育家杜威早就指出："教育即生活"，"教育即生长"。教育不是生活的预备，而是儿童现在生活的过程。联合国也有一句歌词说："儿童，你的名字不是明天。"试想，没有"童年"的感性、直觉、经验、行为、习惯、兴趣、本能和能力的充分发育，会有将来的知识、理性、智慧、思想、信念、观点、主张、抱负、意志的高度发达吗？没有童年的幸福，会有将来的快乐？

有一则报道，一位小学三年级的学生，整天愁眉苦脸，精神涣散，学习成绩不佳。没想到，专家开出的"药方"竟是：让孩子每天放学后痛痛快快玩上一个小时。结果这"方子"真管用：不出一个月，这孩子脸上不但有了笑容，学习成绩也直线上升。

儿童的本能和能力为一切教育提供了素材，并指出了起点；真正的教育即是儿童自身的本能、兴趣和能力的生长过程；教育的价值和标准就看它创造继续生长的愿望达到什么程度，看它为实现这种愿望提供的方法达到什么程度！

第二节　班主任的职责任务及工作内容

中小学班主任的职责任务、工作内容非常多，主要有常规工作、个别教育工作、班会活动的组织工作、与家长的联系工作等等。班主任要善于"弹钢琴"，合理分配精力和时间，做到统筹兼顾，不顾此失彼。

一、班主任的职责任务

班主任作为一名教师应当履行《教师法》第8条规定的义务："遵守宪法、法律和职业道德，为人师表；贯彻国家的教育方针，遵守规章制度，执行学校的教学计划，履行教师聘约，完成教育教学工作任务；对学生进行宪法所确定的基本原则的教育和爱国主义、民族团结的教育，法制教育以及思想品德、文化、科学技术教育，组织、带领学生开展有益的社会活动；关心、爱护全体学生，尊重学生人格，促进学生在品德、智力、体质等方面全面发展；制止有害于学生的行为或者其他侵犯学生合法权益的行为，批评和抵制有害于学生健康成长的现象；不断提高思想政治觉悟和教育教学业务水平。"

（一）小学班主任的职责任务

1.按照《小学德育纲要》，联系本班的实际，进行思想品德教育，着重培养学生良好的道德品质、学习习惯、劳动习惯和文明行为习惯。

2.经常与任课老师取得联系，了解学生的学习情况，协同任课老师对学生进行学习目的教育，激发学习兴趣，培养刻苦学习的意志，教会学习方法，并掌握学生的课业负担量。

3.关心学生的身体健康。教育学生坚持体育锻炼，注意保护视力，培养良好的卫生习惯。

4.指导班委会和少先队工作。培养团结友爱、积极向上的班集体。做好学生的个别指导工作。

5.指导学生参加劳动实践。关心学生的课余生活，支持并组织学生开展各种有益的课外活动。

6.搞好班级的经常性管理工作。对学生进行常规训练，做好学生的品德评定和学籍管理工作。

7.经常与家长保持联系，互通情况，取得家长的支持与配合，指导家长正确教育子女，注意争取社会力量教育学生。

（二）中学班主任的职责任务

1.向学生进行思想政治教育和道德教育，保护学生的身心健康，教育学生热爱社会主义祖国，逐步树立为人民服务的思想和为实现社会主义现代化而奋斗的志向，培养社会主义道德品质和良好的心理品质，遵守《中学生守则》和《中学生日常行为规范》。

2.教育学生努力完成学习任务。会同各科教师教育、帮助学生明确学习目的，端正学习态度，掌握正确的学习方法，提高学习成绩。

3.教育、指导学生参加学校规定的各种劳动，协助学校贯彻实施《体育卫生工作条例》，教育学生坚持体育锻炼，养成良好的劳动习惯、生活习惯和卫生习惯。

4.关心学生课外生活。指导学生参加各种有益于身心健康的科技、文娱和社会活动，鼓励学生发展正当的兴趣和特长。

5.进行班级的日常管理。建立班级常规，指导班委会和本班的团队工作、培养学生干部，提高学生的自理能力，把班级建设成为奋发向上、团结友爱的集体。

6.负责联系和组织各科任教师商讨本班的教育工作，互通情况，协调各种活动和课业负担。

7.做好本班学生思想品德评定和有关奖励工作。

8.联系本班学生家长，争取家长和社会有关方面配合，共同做好学生教育工作。

二、班主任的工作内容

（一）对学生进行品德教育

品德是一个人安身立命的重要前提。品德教育这项工作非常重要，且要从小抓起。品德教育既需要各任课教师潜移默化地在"教书"中"育人"，更需要班主任将这条红线贯穿于班级管理的各个环节之中。通过各种形式的教育活动，促进学生养成良好的思想品德和行为习惯。

我国一贯有重视政治教育、思想教育、道德教育的良好传统，今天看来，应进一步研究这些教育的实效性。这里面主要有两个问题需要增进认识：

1.德育"育"什么

我们几十年来，德育内容过于空洞，以至于讲起来情绪激昂，听起来热血沸腾，听完了以后很难落到实处。其实，德育内容既要有一定的高度，更要脚踏实地。

一般来说，德育主要包括以下内容：

（1）价值观教育

这里所说的价值观，严格地讲是指班主任向学生传达的价值观念，传达基本价值的立场、取向、态度等。

价值观实质上是一种内心尺度。它支配着人的行为、态度、信念等，支配着人认识世界、明白事物对自己的意义和自我了解、自我定向、自我设计等；也为人自认为正当的行为提供充足的理由。所以，作为班主任，首先应该帮助学生建立一个正确的、理性的价值观系统，以指导学生的健康发展。一般来讲，对学生的价值观系统的建构包括六个主要方面：

理性价值观，表现为对知识和真理的认识和态度；

审美价值观，表现为对色彩和形体的认识和态度；

政治价值观，表现为对权力和地位的认识和态度；

社会价值观，表现为对集体和他人的认识和态度；

经济价值观，表现为对效率和收益的认识和态度；

宗教价值观，表现为对信仰和追求的认识和态度。

（2）爱国主义教育

爱国主义是指热爱自己的祖国，为祖国的繁荣、富强、独立而献身的精神。爱国主义的内容十分丰富，主要包括民族自豪感和自信心、国家的独立和主权完整、民族团结和统一、国家的进步和富强等方面。因为这项教育的内容和方式方法各种教科书上都讲得很多，教育实践中也予以了高度重视，所以这里我们就不作展开。

（3）集体主义教育

班主任必须时刻注意学生集体意识的培养，通过多种形式、多种途径对学生进行集体主义教育，帮助他们树立起集体主义观。在集体主义教育中，要充分讲清三个方面的含义：树立集体意识，主要使学生明白集体的作用以及自身跟集体的关系；坚持集体利益为重，主要使学生明白集体利益与个人利益的关系，并正确处理二者的矛盾；正确处理集体和个人的辩证关系。

（4）民主与法制教育

民主政治是凭借公共权力和平地管理冲突，建立秩序，并实现平等、自由、人民主权等价值理念的方式和过程，民主政治是政治生活方式的高级形态。教育应该使学生从小感受民主政治、尊重民主政治、享受民主政治。法制就是法律和制度，它包含两个方面：一是法律和制度本身；二是执行和遵守法律制度的行为。中小学在进行法制教育的时候，主要包括树立法制意识、学习法律常识、使用法律武器等几个方面的内容。

（5）伦理与道德教育

"伦"是指人们之间有条理的关系，"理"是指规律和规则，"伦理"表明的是社会规范的性质，而"道德"表明的却是生活本意的性质。道德问题是伦理学的根本性问题。

2.德育怎样"育"

几十年来，我们总以为人是教会的。因此，拼命地教、拼命地灌。社会教育、学校教育、家庭教育都莫不如此。在学校里，老师苦口婆心，磨破嘴皮子，唯恐少讲了，讲得不够多。其实，人是教会的，又不完全是教会的。

（1）让学生多"悟"

德育除了要"教"有关条目之外，重要的是要让学生去"悟"。只有当学生经过了自己的"悟"，将外在的东西自觉地转化为自身的内在品质，德育才会产生实效。否则，你教得再多，对学生来讲，也始终是"外在于我"的东西，多又何益？我们的教育教得太多，让学生悟得太少，不只是德育，智育也是如此。你看看中考题、高考题，那个题量多大呀！学生在规定的考试时间内匆匆忙忙能够把它做完就不错了，哪容得你去"悟"、去想想怎样做可能会更好些？因此，只有靠平时的机械练，你平时练到了这个题型，你做得就快、就顺手，平时没有练到，就没有办法了。如果说学科教学、考试这样做，还算勉勉强强，那么，德育工作也依靠这种简单灌输的办法，就显得不合规律。当老师的都知道，很多时候过于教条式的灌输，反而会让学生产生逆反心理，效果甚至会事与愿违。

（2）加强实践环节

应该加强德育的实践环节，让学生在一定的德育情境中去增强道德意识、道德情感。一味地口耳相传、简单地机械背诵是背不出高尚的品德的。这也就无怪乎我们的学生考"政治"一个个八九十分，而实际的品行却并不同步！美国"9.11事件"一周年纪念日，那天上午8时45分，所有教堂钟声齐鸣，小号低哀，所有的行人听到教堂的钟声、号声都止步默哀，一种对生命的尊重感、敬畏感油然而生。这比简单地要学生尊重生命、珍惜生命的话语要有效得多。我们深知，因为考虑到安全，现在连春游、秋游都基本上没有了，更不要讲别的活动，但我们可以退而求其次，通过创设某种教育情境，来增强学生的感性认识。

（3）在"两难"情境中辨是非

德育不能只是由老师告诉学生什么是对的、什么是错的。如果这样，一旦离开老师的指导，学生就难以独立判断什么是真善美、什么是假恶丑。这方面，可以借鉴美国学者科尔伯格的有关理论。

（二）营造班级文化

1.丰富班级物质文化

班级的物质文化，其主要内容是通过对教室环境的布置，构造一种外部的文化环境。这个文化环境体现着一个班的精神风貌以及教育教学的主旨。作为一个班集体学习和受教育的基地—教室，应当是窗明几净、桌椅整洁有序、舒适、文明的学习环境。苏霍姆林斯基极为重视让一切客体都能发挥对学生主体的教育作用，他竭尽所能地设法使学校的一切物质环境都能给儿童以能动的有益的影响，用以培养他们的观点、信念和良好的习惯。他在总结这种实践时有一句名言："我们在努力做到，使学校的墙壁也说话"，生动形象地体现了他动员"物"的教育力量形成儿童精神面貌的创造性经验。确实，有效地运用空间资源，创设具有教育性、开放性、丰富性的物质环境，对于陶冶学生的情操，激活学生的思维，融洽师生的情感都有着积极的作用。

2.规范班级制度文化

班级制度文化，是指党和政府的有关方针、政策、法规、条例、指令等和社会主义道德观念和行为规范、是非标准等在班级日常工作、学习和生活中的具体体现，是班级全体成员共同认可并自觉遵守的行为准则。建立良好的班级制度文化，是班级文化建设的一项重要内容。

班主任要根据班级的具体情况，和全班同学一起制定班规班纪。学生自己制定或者主要依靠学生自己来制定规矩，有利于学生自觉遵守执行，也有利于培养学生的"自由之人格，独立之精神"。

3.培植班级精神文化

作为学校基本"细胞"的班级，在进行精神文化建设方面有着举足轻重的作用，可以说每个班级学生的思想道德水平、学识谈吐、价值观、精神面貌等直接反映出该校的办学理念和班级管理理念，直接反映了精神文化建设的实际状况。所以，在精神文化建设中，班集体的作用是非常重要的，它更直接，更具体，任务也更加艰巨，是一项极其复杂的系统工程。那么，在班级工作中，如何进行精神文化建设呢？

（1）培养正确的舆论和良好的班风

集体舆论是班集体中占优势的、为多数人所赞同的言论和意见。正确的班集体舆论是一种巨大的教育力量，对每个成员都有约束、感染、同化、激励的作用，是形成、巩固班集体和教育班集体成员的重要手段。教师要注意培养正确的集体舆论，引导学生对班集体的一些现象与行为进行评议，努力把舆论中心引导至正确的方向。

良好的班风是一个班集体舆论持久作用而形成的风气，是班集体大多数成员精神状态的共同倾向与表现。良好的班风一旦形成，就会无形地支配着集体成员的行为，它是一种潜移默化、"润物细无声"式的教育力量。教师可通过讲清道理、树立榜样、严格要求、反复实践等方面培养与树立良好的班风。

（2）培养学生对班级的认同感和归属感

根据马斯洛的需要层次理论，我们知道，人的更高层次需要是一种归属与爱的需要，学生对班级的认同感和归属感就是这种深层次需要。班主任要经常把班级取得的成绩、科任老师对班级的良好评价以及家长的充分肯定及时与大家交流，提高大家对班级的认同度，让同学们感到在这个班里学习和生活，是非常荣幸和骄傲的，从而产生自豪感，形成强烈的归属感。

（3）让班级充满爱

健康的班级文化应该是团结友爱、积极向上的，应该是人人热爱集体，又被集体所关爱。班主任在组织开展丰富多彩的主题班会活动、心理交流活动、社会实践活动中，让爱与被爱在学生的心里扎根发芽。

（三）做好常规管理工作

1.了解学生

裴斯泰洛齐说："每一种，好的教育都要求用母亲般的眼睛时时刻刻准确无误地从孩子的眼、嘴、额的动作来了解他内心情绪的每一种变化。"有过班主任经历的老师都有这样的体验：深入了解班上的学生，是做好班主任工作的关键。

了解学生包括对学生个体的了解和对学生群体的了解2部分：

对学生个体的了解包括：个体的思想品德、学业情况、身体状况、心理素质、成长环境（家庭）等。了解学生个体就是要发现作为个体的学生的独特性。

苏霍姆林斯基说："没有也不可能有抽象的学生。"每个学生都是具体、生动的，是有待于班主任去了解、去发现的。

对学生群体的了解包括对正式群体和非正式群体的了解。正式群体是班级正式的组织机构，如班委、小组等。非正式群体是非正式规定、自然形成的一种无形组织，一般有求知型、知己型、爱好型、好恶型等几种类型，它对学生的影响不可小视。每个非正式群体都有一个"头头"，他们或以见多识广，或以能说会道，或以善解人意，或以仗义执言，或以哥们义气而得到群体成员的尊重。对他们，班主任应给予应有的尊重，创造宽松的气氛，加强接触，在沟通心灵的基础上，因势利导通过他们去做非正式群体成员的思想工作，使自己的意图延伸与扩散开去，为广大学生所乐于接受。千万不要以为非正式群体就是"小帮派"，从而对他们加以"排斥""打压"，那样的话，结果很可能会适得其反。

2.指导学生课外、校外活动，指导团队工作

根据学生的身心发展特点，班主任要多组织课外、校外活动。开展这些活动要做到事先有计划、预案，过程有指导、监控，事后有总结、反思。

共青团、少先队是青少年学生学习共产主义的学校。班主任要尊重共青团、少先队组织，支持共青团、少先队的活动，并根据实际提出指导性意见。

3.协调各方面的教育力量

（1）对内协调各科任教师的工作

由于一个班各科任教师的教育理念、学术素养、个性脾气、教育方法等不尽相同，可能会导致教育影响不一致的情况。为此，班主任必须对各科任教师进行协调，要经常、主动地与科任教师联系，多向科任教师介绍班级情况，经常邀请他们参加班级活动，听取他们对搞好班级管理工作的意见和建议；要慎重处理学生与科任教师的关系，树立科任教师的威信；协调科任教师布置的作业量，调节各门学科的学习负担。

在这里，特别需要指出的是，对班主任也好，对其他科任教师也好，要认清一个重要问题，那就是教育人的工作是科任教师和班主任共同的职责，而不只是班主任的事情。任何把"育人"的职责全部推到班主任肩上的观念和做法都是有害的。新时期班主任要把自己与科任教师的教育影响力进行整合，形成"教师集体"的影响力，共同培养班集体，塑造学生完整人格，促进学生全面发展。

（2）对外协调学校、家庭、社会对学生的影响

教育是一个系统工程，单靠某一个教育力量是不够的，而必须做到学校、家庭、社会整体联动，形成合力。若此，班主任要积极协调各方面的力量和影响因素，成为沟通各方教育力量的重要纽带。

这其中，"家校合作"的重要性是不言而喻的，它能保证学校、家庭两种教育力量的一致性。

与学生家长沟通的渠道有：家长会，教师家访，家长校访，电话联系，建立由学生负责传递的《联系簿》，有条件的情况下还可以通过电子邮件的方式。

在与学生家长沟通过程中应注意的事项：

第一，将普访、常访、重点访问结合起来。班主任的家访应该是普遍性的，尽管我们对情况特殊的学生，如家庭贫困生、品德与学业"双差生"、父母离异生、身体残疾生、有心理障碍的学生、"留守孩"等，可以做重点访问、经常访问，但千万不能将家访理解为只对"问题"学生进行，是"问题学生"的"专利"，更不能变成学生出了问题之后的"上门告状"。

第二，在与学生家长接触中，应以对学生的正面鼓励为主，多肯定、少责难。学生是成长中的人，难免会有这样那样的不足，这是正常的。人的社会化是终生的过程，就是我们成人也难免有犯错误的时候，何况孩子？班主任应树立"理解学生，教在心灵"的观念，真正做到"为师不忘童年梦，常与学生心比心"。这样，我们就容易做到从发展的角度看待学生的"问题"，不要一见家长的面，就埋怨这，责备那，非要搞得家长灰头土脸不可。在与家长沟通的时候，要以正面肯定为主，充分捕捉学生身上的闪光点，即使对在校表现较差的学生，也要尽可能挖掘其优点，让家长对自己的孩子有信心。

第三，班主任要平等地对待学生，也要平等地对待学生家长。现在一些班级，班主任实际上依成绩把学生分成了"三个世界"。我们很担心，这种划分会扩大化，会"株连"到学生家长身上。再者，我们也不能依学生的"出身门第"而夹杂有丝毫的势利色彩，不能因为有些家长有权有势，可以为我们办点什么事，谋点什么利，就对他格外地殷勤；那些家长平民百姓一个，我们就另眼相看。

第四，班主任要掌握与人沟通的艺术。学生家长有不同的类型，从学历层面讲，有高有低；从职位层面讲，有的是高官，有的是百姓；从职业构成来讲，更

是多种多样，有工人、农民、干部、知识分子、下岗人员等等；从性格来说，有的外向，有的内向。这就要求班主任善于与人沟通，掌握一套与人交往的艺术。

第五，班主任要善于聆听。与学生家长沟通，有时候要"大嘴巴"，主动把学生在校情况向家长报告；有时候又要有"小嘴巴，大耳朵"，认真、耐心地聆听家长的言说，听取家长的意见。聆听也是一门艺术，从你的认真聆听中，家长可以体会到你对他们的尊重，从而有利于沟通的深入；而且从聆听中，我们可以了解家长的教育方式、教育态度、期望水平、价值观念等，从而诊断问题之所在，或发现成功之所在。

第六，班主任有义务对学生家长进行教育方式方法等知识的辅导。教师是受过专业教育和训练的，而家长中有很大一部分没有接受过教育学、心理学知识，他们对子女的教育有一定的盲目性和随意性，班主任有责任对他们进行这方面的辅导，这也是提高培养人的工作质量的需要。

（四）教育学生努力学习

学生的主要任务是学习。为引导学生学好功课，提高学习成绩和学习质量，班主任应该加强对学生学习的指导。使学生明确学习目的，浓厚学习兴趣，掌握学习方法。尤其重要的是，要使学生从小养成良好的学习习惯，比如，"当日事当日毕"，不要"明日复明日"，把今天的学习任务拖到明天；独立思考、独立完成作业，抄别人的作业虽然图得了一时之轻快，却最终是害了自己；有问题要敢于向老师请教、与同学交流，及时化解，不要不懂装懂，自欺欺人，导致问题像"滚雪球"一样越滚越大，越积越多，等等。

第三节   班主任工作方法

一、实践锻炼的方法

实践锻炼是指使学生按照一定的目的在日常学习、劳动、活动和平日生活当中增长才干，履行道德规范，形成良好品德的方法。实践是认识的基础，也是人的思想品德形成和发展的源泉，实践还是检验人的思想品德的标准，因此通过实践使学生不断地提高道德修养和养成行为规范，又是一项重要的教育方法。

实践锻炼首先有模仿的意义。学生生活在人的群体中，时常对他人进行模仿，这种"模仿"应该是孩子成长的"原始积累"。所谓受外界影响，开始时大多是从这种模仿中获得。在社会中或在集体中生活的人多数有从众心理，"从众"从某种意义上说就是一种模仿，所以有时班级集体的风气，能够起到教育人和改造人的作用，其原因就有这个成分。

实践锻炼也有对品德表现及其他表现的强化的意义。由于实践锻炼多半有重复的可能，所以在行为的重复中能使"行为"成为习惯，以至形成较为稳定的表现。实践锻炼能否起到"强化"的作用，在于班主任老师有没有教育的目标意识和安排。实践锻炼是一种教育手段，是为教育的目标服务的，反过来教育目标愈明确，这种"服务"的针对性就愈强。按着一定的目标，班主任老师要把实践锻炼的强化作用发挥得好，就必须有计划有意识地把学生不断地引入实践锻炼之中。偶尔地让学生实践一次，收不到很强的教育效果。往往是在活动的开展中，使同样行为在不同的状况下反复得到"表现"，或是说使学生反复地实践锻炼，这才能起到强化的作用。

实践锻炼还有扩展某种品德表现的意义。因为虽然是为着某一目的去让学生实践锻炼的，但实践锻炼却都不是"单一"的活动，任何实践锻炼都会是学生"整体表现"的反映。比如学生要进行开展社会公益活动的实践锻炼，同时就要有社会公德的表现，文明礼貌的表现，这些"表现"在同一活动中都能互相促进。这就会由某一种实践锻炼，扩展出其他的道德表现。多方面开展实践锻炼能够促进学生整体素质的提高，其原因就在这里。

实践锻炼的内容很多涉及学校活动的方方面面，班主任要广泛的加以利用，使学生有更多的实践锻炼机会。从实践活动内容来分有政治活动、公益活动、纪念活动、社会调查活动、保护环境活动、外事活动、劳动活动及保健卫生活动等，从实践锻炼活动的地域划分有学校内活动、家庭活动及校外活动等，从实践锻炼活动的性质来分有日常实践活动、竞赛活动、集体活动和个人活动等。

二、引导自我教育的方法

引导自我教育是指按着一定的道德要求引导学生自觉学习，自我省察，自我行为调节，从而形成一定社会所要求的思想品德的教育方法。道德教育对学生来说是形成某种思想品德的外因，是外部作用条件；自我教育是思想品德形成的内因，是内部的驱动条件，二者是统一的。品德教育的外因是不可缺少的，学生从中获得道德认识，情感激励；但外部作用条件必须通过学生的"选择"才能成为作用条件，因此二者又是互为存在、缺一不可的。思想品德教育的全过程，都要力求外部作用条件和学生的主观性的统一，这种"统一"的程度越高教育效果会越好，学生的品德形成也就越完善。学生品德形成的过程又是一个自我教育作用积极发挥的过程，学生在自我教育中更能积极主动地接受教育，促进其品德的发展。

引导学生自我教育，班主任首先要正确处理与学生的关系，正确认识发挥学生主体作用的意义，明确教师的主导作用如何去体现。班主任与学生是平等的关系，是教育者与受教育者双向作用的关系。班主任教育学生要有学生的主动积极配合才能"完成"。所以只强调"教"的作用，忽视"学"的作用是不能够取得教育效果的。这还意味着班主任与学生又是情感关系，任何教育的成功都体现了学生情感上的反映，班主任对学生的情感能得到学生的回应，这种情感越深，教育的成功率越高。在这种师生的"双边"关系中教师的主导作用主要体现在教师的教育目的、教育计划、教育内容和方法上，也体现在教师如何调动学生的积极主动性上。这二者都是教育活动中不可忽视的，后者尤其重要，因为只有计划、目的、内容和方法，没有学生的主动性和积极性，这些教育中"外在"的东西就无法使学生"内化"，就谈不上教育效果。

班主任艺术的一个重要方面是如何调动学生的积极性和主动性，优秀的班主任老师总是会使学生处于积极主动进取的状态，总是千方百计地去调动学生的主动性，充分发挥他们的主体能动作用。班主任老师调动学生的主动性与积极性，其实就是促进学生自我教育的动力基础。所以班主任老师总是要研究学生，并总在思考如何去调动学生的主动性、积极性，如何使学生能够发挥自我教育的作用。正确处理与学生的关系，班主任特别要在方法上下工夫，方法不当也达不到引导学生自我教育的目的。

引导学生自我教育，应体现在学生思想深处的驱动，是深层次的教育，这种教育的不断进行和不断深入就能使学生达到自察、自省、自策、自励的境界，是他们逐步成熟的表现。班主任老师在引导学生自我教育时，要想使他们达到这种境界，必须时时鼓励学生，使学生永远感到"我也行"，使他们有主人翁责任感，使他们有强烈的自我要求。即使是年纪很小的学生，班主任也要特别注意这点，任何简单粗暴，甚至在某些小事情上表现出对学生的轻视和不尊重，都会留下很深的印痕。

三、品德评价的方式

在班主任工作中，随时都有对学生的行为表现予以褒贬或肯定鼓励或否定批评的机会，因此对学生的品德评价是班主任的又一重要工作方法。所谓道德评价是依据一定道德标准进行的，通过评价明确地表示出评价者对道德标准的理解和对被评价者提出应当怎样和不应当怎样的要求。评价是依据一定的道德标准进行的，失去标准或对标准把握不当，就会造成要求上的混乱。反过来人们（尤其是学生）也从评价的本身认识或加深认识道德标准，增强道德意识。所以对学生来说，道德评价不仅是对他们的行为表现的褒贬，也是提高道德认识、强化道德意识的手段。

品德评价是依据一定的道德标准进行的，对这种"标准"的理解、把握，决定了学生的品德修养方向。同时又因为对这种"标准"的认识深度决定着学生品德表现的"程度"，所以品德评价的应用对学生起着认识作用和导向作用。品德评价的认识意义又是在学生平日的表现中逐步深入实现的，他们是通过受到的具体评价而逐渐积累和强化了"应当怎样"和"不应当怎样"的认识，这对学生道德观念的深入形成，对他们的行为规范，对他们能恪守社会公德，都是极为必需和必要的。

品德评价是在对学生的行为表现进行褒贬中表现教师的态度的。由于教师在学生心目中的权威性，又因为学生在受教育过程中所形成的对道德标准的认识的严肃性，所以品德评价又被学生当作教师的"要求"，因此就有督促和约束作用。从另一个角度来说，学生又都希望得到教师，尤其是班主任老师鼓励性的评价，他们愿意改变不受教师肯定的行为，这也会形成一定的约束力，使学生逐渐地养成规范的行为。由于教师的评价，学生所产生的行为调节是多方面的，往往随着教师肯定了某人的行为或某种行为，其他学生会立即进行行为调节，也去表现出教师所肯定的那种行为。

学生的品德表现，由于其作用因素是多方面的，又由于其表现形式是多种多样的，这就需要老师通过品德评价对学生的表现予以鉴别和诊断，使他们知道哪些表现符合于道德规范，哪些表现不符合道德规范。这种通过品德评价对学生行为表现的鉴别和诊断，会使学生明白自己的表现哪些应该发扬哪些应该改掉，从而调节自己的行为，使之更合于道德规范。通过道德评价所给予学生表现上的诊断，对家长也有重要意义。每位家长都希望孩子表现得好，都希望孩子的行为符合道德标准，可家长无法直接了解和观察孩子在学校的表现，所以教师的道德评价是对家长提供的学生在校表现的较全面的信息。因此家长可以得知孩子在学校的品德面貌，从而使家庭教育更能与学校形成有力的配合。

道德评价对班主任自己的工作和其他教师也有重要意义，通过评价能使教师更全面客观地了解学生。班主任老师在一定的时候要对学生进行评价，这样既能反馈自己的教育成果，又能增强对学生的了解；既能增强教育工作的针对性，又能调节自己的教育对策和措施。同时这种诊断性的评价传递给学生，又引发学生的自我评价，这对学生进行自我教育又是有益的。

品德评价是教师对学生的评价，但这种评价却有"相互性"。教师对学生的评价要依据一定的客观标准，同时又要体现教师的主观态度，二者总是结合出现的。这种客观标准和主观态度要引发被评价者的相同体验，评价才能奏效。这是一种相互作用、相互转化的过程，教师的评价会对学生产生影响和作用，学生也会对教师的评价作出相应的反应，比如产生积极的态度或消极的态度，表示赞成或表示反对。只有这种反应呈积极状态评价才会产生积极的效果。所以恰当地、实事求是地评价学生，使他们乐于接受，才能达到教育的目的。学生在品德评价过程中的主体表现，常常被班主任老师所忽略，有些班主任老师总是强调评价的正确性，而忽视学生的可接受性，这不仅会使评价失去相应的意义，还可能会产生副作用，比如造成师生间的隔阂或对立。

四、奖励和惩罚的方式

奖励和惩罚是对学生教育的必要方式，奖励是班主任教学实践中的常用方式，而惩罚则是班主任工作的辅助方法。

奖励和惩罚是用于学生表现中的特殊行为。奖励是一种肯定性评价，但比起一般的"评价"，它有其特定性，有一定的实施程序。受奖励者的行为比起一般同学要有突出的表现，或比起一般同学有一贯良好的表现。受奖励者一般应该是少数人，并且得到多数人的赞赏和肯定。惩罚是一种否定性评价，受惩罚者是极少数人，他们的行为具有破坏性。惩罚一般是对错误行为的惩戒，是为维持集体正常秩序、鉴戒他人时不得不采用的方法。

奖励用于班主任的教学实践中，主要是对个人和集体的正确、良好的思想行为的肯定与表扬。这种肯定与表扬是通过一定的程序实施的，是按一定的事先制订好的章程，经过一定的程序予以确认，然后当众宣布的工作方式。奖励与一般的表扬有程度上的区别，因此受重视的程度自然更高一些。

奖励是对正确、良好行为的"更高"程度上的肯定，所以它首先有正面强化作用，它能使道德规范及其他突出的良好表现更为具体化，并且通过荣誉的形式，使被奖励者得到集体的赞许。大家从他们的行为上更进一步强化了对道德规范及其他教育要求的更深刻的认识。奖励的正面强化作用，在青少年学生中尤其有意义。因此班主任在把握奖励的尺度和标准上，就要注意符合"条件"，使大家心服口服。同时也要有群众基础，使大家出自内心地认定奖励的合理。假如被奖励者确实符合"条件"，而大家或有的人尚未认同或缺乏了解，这时候班主任一定要做细致的工作，使得每一次的奖励活动都能达到真正的教育作用。有的班主任老师在奖励学生时强调个人的意志，或是主观性较强，这会使受奖励者受到孤立，或是达不到教育的目的。

奖励的第二个作用是激发作用，处于青少年时期的学生，内心里都有一股积极向上的意识，他们都愿意你追我赶，因此被大家认同的奖励活动，就有一种激发作用，能鼓励大家向受奖励者看齐，或是能激起班级集体内的竞争热潮。因此，班主任老师在奖励学生时，决不能把它看作是对被奖励者的个人的肯定，而应该设法使每种奖励都能激起更多人奋发的效应。

第三，奖励有益于培养学生的荣誉感和上进心。奖励是一种正面的教育方式，它的精髓就是培养学生的荣誉感和上进心。学生有了这种意识，班主任的教育才能成为可能，失去荣誉感和上进心的学生，如不把这种心态下改变过来，是难以对他们进行教育的。

第四节　班主任素质要求

教师特别是班主任责任重大。美国著名教育心理学家吉诺特博士说：在学校当了若干年教师之后，我得到了一个令人惶恐的结论——教育的成功与失败，我是决定性因素。身为教师，我具有极大的力量，能够让孩子们活得愉快或悲惨；我可以是制造痛苦的工具，也可能是启发心灵的媒介；我能让学生丢脸，也能让他们开心，能伤人也能救人。所以，班主任要意识到自己的重要——说小一点，对学生成长的重要，往大处说，对国家、民族未来的重要。要不断地用心去体会、琢磨工作艺术，提高自己的带班能力。

一、班主任要以父母之爱用"心"育人

（一）以童心理解学生

班主任尤其是低年级学生的班主任要有童心。几岁的小学生、十几岁的初中生应该天真，应该幼稚，因为天真和幼稚，他们应该会说错话、做错事、犯错误。试想一下，如果几岁、十几岁的孩子一个个都不天真，都不幼稚，都老成持重，那该是一幅多么可怕的图景！

18世纪法国启蒙思想家卢梭认为，大自然希望儿童在成人以前就要像儿童的样子。儿童是有他特有的看法、想法和感情的，如果想用我们的看法、想法和感情去代替他们的看法、想法和感情，那简直是最愚蠢的事情。可我们现在有些班主任容不得孩子天真、幼稚，孩子因为天真讲了错话就暴风骤雨地加以批评，因为幼稚做了一个错事就劈头盖脸地予以厉斥。

季羡林在《两行写在泥土地上的字》里说得好："我们中年人或老年人，不应当一过了青年阶段，就忘记了自己当年穿开裆裤的样子，好像自己一生下来就老成持重，对青年总是横挑鼻子竖挑眼。我们应当努力理解青年，同情青年，帮助青年，爱护青年。"德国学者凯斯特纳说："绝大多数人，他们像脱去一顶旧帽子似的，早已把童年抛之脑后。他们犹如忘记一个不再使用的电话号码，忘却了他们自己的童年"。他说："只有长大成人并保持童心的人，才是真正的人！"这一点，当是我们班主任应该谨记并努力做到的。

（二）以爱心温暖学生

"亲其师"，方能"信其道"。教育本身就意味着一棵树摇动另一棵树，一朵云推动另一朵云，一个灵魂唤醒另一个灵魂。如果一种教育未能触及人的灵魂，未能引起人的灵魂深处的变革，它就不成其为教育。要实现真正意义的教育，爱几乎是唯一的力量。

班主任对学生要有诚挚的教育爱。陶行知先生说，教师应该"捧着一颗心来，不带半根草去。"台湾教育家高震东说："爱自己的孩子是人，爱别人的孩子是神。"一个人爱自己的孩子不难，这是人之常情、人之常理，不难做到，难的

是爱别人的孩子。而我们当老师的，每天走进校园、走进教室，从事的是"爱别人的孩子"的工作，因此，老师一个个都是"神"，或者虽然不能说是"神"，但至少是非常"神圣"！

班主任还要注意把对学生的爱定位在合适的位置上。我们爱学生，但更重要的是爱的方式。我们不能以爱为理由，让学生背负沉重的负担；不能以爱为筹码，让学生感觉到天平的失衡；不能以爱为条件，让学生陷入功利的误区。李镇西说："以厚此薄彼的态度对待学生，并不是真心爱学生。所爱的一部分学生实际上成了班主任的私有物，因而这种爱是自私的。真正的爱是爱所有的学生，爱身边所有的人。"

（三）以宽容心接纳学生

教师要灵活运用"护短艺术"。在大自然中，人类跑不如马，力不如牛；没有鸟的翅膀，不能高飞；没有鱼的腮，不能长时间潜水；负重能力不如蚂蚁；嗅觉不如狗；视觉不如猫……弱点可谓多多。如果天天自责或责备他人，恐怕人类早就完蛋了。孩子是成长中的人，难免会有这样那样的问题，班主任要宽容大度。赞可夫说："教师这门职业要求于一个人的东西很多，其中一条要求自制。在你叫喊以前，先忍耐几秒钟，想一下：你是教师。这样会帮助你压抑一下当时就要发作的脾气，转而心平气和地跟你的学生说话。"苏霍姆林斯基更是简洁明了地指出："有时候宽容所引起的道德震荡比惩罚更强烈。"

二、班主任要尊重学生

尊重是教育的前提。不尊重学生，搞得师生关系紧张甚至对立，教育就无法开展了。学生虽然年龄小，个子不高，但他们跟大人具有一样平等的人格。班主任在工作中要避免恶语伤人，什么"猪脑子""笨木瓜""遇上你这样的学生，我真是倒了八辈子霉""我要是你，就撞墙算了"，等等，都是十分忌讳的语言。即使对所谓的"差生"，我们也不能轻言放弃，要对他抱有希望。美国教育学家本尼斯说过：只要学生知道老师对他抱有很大希望，仅此一点就足以使学生的智商分数提高25分。我们在教育中往往很轻易地让学生失望，要知道，希望是人生旅途的一盏明灯，对于刚刚跋涉人生的青少年而言，这盏灯显得尤为重要。如果青少年的旅途都充满了失望，充满了黑暗，以后的漫漫长途又将如何度过？小心地用我们并不华美的语言和一份真诚，力所能及地为学生送去鼓舞、送去希望吧！

亲切平和是教师吸引力之所在。有些班主任觉得要摆出威严，学生才会"听话"，才"好管"。其实，这里面要注意一个分寸，过于严峻，学生不敢接近，像"老鼠见到猫"似的，有话闷在心里，就会"不通则疼"。亲切平和还包括勇于承认错误。有些班主任在出现错误之后，觉得在学生面前承认错误，拉不下面子，因此，错也要错到底，以维护自己的权威。这是不应该的，"人无完人"，班主任工作中出错是难免的，重要的是有了错误之后勇敢面对，及时挽回影响。这样，不但不会降低在学生中的威信，恰恰相反，只会使自己在学生心目中的地位上升。

三、班主任要学法懂法、依法治教

（一）尊重学生的受教育权

受教育权是公民的一项基本权利，这在《宪法》《教育法》《义务教育法》中都有明确规定。学生受教育权具体表现为受教育的平等权、受教育的选择权和上课权等。从中小学实际情况看，侵害学生受教育权的形式是多种多样的，比如，一些学校为了保证有一个比较高的升学率，在中考、高考前将一些"差生"早早地打发回家；学生"犯"了错误，就罚他站到教室外"面壁思过"，等等。

（二）保护学生的人身权

人身权是公民权利中最基本、最重要、内涵最为丰富的一项权利。人身权的正常享受与否，关系到公民能否进行正常的学习、工作和生活。一般而言，人身权包括生命健康权、人身自由权、人格尊严权、人身安全权、心理健康权、名誉权、荣誉权、隐私权等近20项细致的人身权利。这些权利无论受到何种形式的侵害，公民都可视情形要求取得民事赔偿、国家赔偿，甚至刑事保护。由于中小学生是未成年人，身心还未充分发育，因此，他们的人身权更应受到特别保护。在这方面，侵权事件主要有：对学生实行心罚或体罚、变相体罚（如罚其"劳动"改造，罚超量写作业，罚做某个动作等）；随意怀疑学生有偷窃行为而对其搜身或搜其书包；公布学生的成绩及排名，侵害学生的隐私；翻看学生的日记并就其中的内容在全班对其讽刺讥笑，等等。

（三）保证学生能够获得公正的评价权

学生的公正评价权是指学生在教育教学过程中，享有要求学校、教师对自己的学业成绩、道德品质等进行公正的评价，并客观真实地记录在学生成长档案中，在毕业时获得相应的学业成绩证明和毕业证书的权利。学业与道德品质评价与学生将来的升学、就业息息相关，甚至会对他们一生的成长产生影响。这就要求学校和教师在对学生进行评价的时候应该一视同仁，不偏不倚。

（四）保护学生的私有财产权

教师不能毁坏学生的物品或据为己有，现在有一个说法，说某些老师，他的孩子上幼儿园、上小学，玩具基本上不用自己买，每天收缴一些玩具回来就足够他孩子用的。这种情况虽然只是极其个别的现象，但对教师的形象影响很不好。教师也不能向学生及其家长暗示或索要礼品，也不能"以罚（罚款）代管"。

四、班主任要掌握班级工作的辩证法

班主任工作千头万绪，若能在工作中巧妙地运用辩证法，可使工作事半功倍。

（一）班级工作推进中的疾与缓

班主任要把握好班级活动的频率。活动过多，一波未平一波又起，学生长时间处于紧张状态，会感到身心疲惫，容易滋生逆反心理；活动过少，学生感到无所事事，容易松散，班级就会失去生气和活力。

（二）班规执行中的严与活

严，就是严格要求，在制定班规时要从严从细。活，就是在处理问题的过程中要根据实际情况灵活处理。比如，对性质比较严重的错误要严肃处理，以保证班级纪律的正常执行；小的细节错误，也可以不追究，稍作暗示，让学生知错就行了。

（三）师生关系中的亲与疏

亲，就是对学生要表现出和蔼可亲、平易近人的态度，使学生觉得老师不难接近，从而缩短师生之间的距离。疏，并不是疏远学生，而是指班主任要保持与学生应有的界限与距离。我们可能都有这样的感觉，一幅油画，近看模糊一团，毫无艺术可言，远看则浓淡相宜，疏密有致。这就是心理学中所讲的"距离效应"。生活中常有这样的现象：一个你很敬佩的人，由于相处过密，对方的缺点日渐暴露，你就会不知不觉地改变原有的情感，甚至变为失望。戴高乐曾说"仆人眼里无英雄"，就是这个意思。学生（尤其是低年级学生）往往对老师言听计从，对家长的教育置若罔闻，这其实并非全是因为教师比家长更懂教育方法，或者更加高明，其中"距离效应"起着更为重要的作用。

（四）班干部搭配中的文与武

班委人数虽不多，但各人脾气、爱好、特长都不一样，工作能力也有高有低，这就需要班主任在分工时合理搭配，取长补短，形成互补。比如，有的踏实稳重，有的雷厉风行；有的善谋略，有的肯实干。

（五）班主任言论中的多与少

班主任的一言一行，对学生起着重要的影响作用。所以，什么时候讲，什么时候不讲，什么时候多讲，什么时候少讲，都有一定的讲究。比如，自习时间到班上，要少讲，以免分散学生精力，而课余时间深入到学生中间，要多讲，以便增进师生感情；表扬学生要多讲，更多的鼓励话语会激发学生奋发上进的勇气，而批评教育时要少讲，揭示本质、击中要害即可，过多的唠叨只会引起学生反感；开展重大活动时要多讲，鼓舞士气，渲染感情，而强调纪律时要少讲，斩钉截铁，板上钉钉，会增强说话的分量；面对全体学生要少讲，言多必失，容易引起学生的误解，私下谈心要多讲，推心置腹，循循善诱，方能达水到渠成之功效。

（六）班务工作的勤与惰

传统教育提倡班主任要"三勤"：腿勤—勤往班里走，眼勤—多往班里看，嘴勤一多对学生说。事实上，很多班主任确实是"勤"字当头，就是别的科任老师在上课时，他都会从门缝往里面看看，看哪个学生听课不认真了、开小差了，下课后便把这个学生找到办公室训训话。精神确实可嘉！但我们以为班主任的勤应该把握一个分寸。《三国演义》中的诸葛亮，夙兴夜寐，事必躬亲，其结果是他早逝之后，"蜀中无大将，廖化作先锋"。很多班主任容易犯诸葛亮式的错误，包办代替，求全责备，现实中人们发现那些班带得好的班主任往往是"有所为，有所不为"的班主任。

第三章　班主任班队活动管理

第一节　班队活动概述

一、班队的定义及性质特征

（一）班级的定义、由来及性质特征

1.班级的定义及其历史由来

"班"即班级，是学校进行教育、教学活动的基本单位。它是由年龄相近、知识程度大体相同、有共同学习任务的几十名学生组成的群体。

在以班级为单位的教学组织形式出现以前，主要采用个别教学的形式。近代以来，随着资本主义社会化生产的发展，科学技术不断进步，教学内容大量增加，受教育者的人数也日益增多，个别教学已经不能满足教育的要求，需要有种新的教学组织形式取而代之。因此，16世纪欧洲一些国家如德国、法国的古典中学里开始尝试集体教学的组织形式，即班级教学。

到了17世纪，捷克教育家夸美纽斯（1592-1670）在他所著的《大教学论》里对班级教学做了系统的阐述，从理论上确立了班级授课制。他提出，把学生组成班级，由一位教师面对一个班级学生同时授课。此后，班级教学逐渐被广泛应用和承认。班级授课制的产生意味着班级的形成，它使教学活动的方式由个别指导转为面向群体的课堂讲授。教师的教育对象已不再是个别学生，而是固定的学生群体，教师的任务也就有了新的变化和要求。且客观上存在差异的人。这种教育观念的变化导致学校从教育目标、课程、教学到评价的整体改革。

2.班级的性质与特征

班级是按照班级授课制的培养目标和教育规范组织起来的，以共同学习活动和直接性人际交往为特征的社会心理共同体。由于它是依照班级授课制的要求组织起来的，因此具有以下特征：

第一，班级是按照学生年龄划分的，同一年龄阶段学生的文化程度和身心发

展水平大致相同。这为教学活动的统一开展提供了可能。

第二，班级作为儿童所属的正式群体是由学校根据学籍管理规定编排、组建的，学生不能自由选择，班级成员的构成具有偶然性、随机性，这为班级管理带来一定的难度。

第三，班级集体的主要任务是课程的学习和训练，学生的学业成绩是决定其群体地位的主要因素，课程学习中接连受挫的儿童常常会有失败感，从而产生各类心理和行为方面的问题。

第四，教师是社会委派的承担教育工作的专职人员，其客观地位决定了他具有一定的权威性和教育影响力。班级群体发展水平与教师的领导方式和教育教学风格密切相关。

（二）少先队的定义、由来及性质特征

1.少先队的定义及其历史由来

"队"是指少先队，它的全称是"中国少年先锋队"。中国少年先锋队是中国少年儿童学习中国特色社会主义和共产主义的学校，是中国共产党以共产主义精神团结、教育全体少年儿童的群众组织。党以"先锋"命名这一组织，是为了教育少年儿童学习革命先锋的榜样，继承他们的事业。少先队的创立者和领导者是中国共产党，党委托中国共产主义青年团直接领导少先队。凡是6周岁到14周岁的少年儿童，愿意参加少先队，愿意遵守队章，向所在学校少先队组织提出申请，经批准，就成为队员。队员佩带的红领巾是它的标志。少先队组织在学校建立大队或中队，中队下设小队。

我国的少先队是由革命战争年代的儿童团组织发展而来的。少先队最早源于"劳动童子团"。"劳动童子团"是在第一次国内革命战争时期建立的，是中国共产党领导的第一个少年儿童的革命组织。第三次国内革命战争时期，中国共产党在革命根据地为少年儿童建立了"共产儿童团"（5~15岁参加）和"少年先锋队"（15~23岁参加），当时"少年先锋队"队员有30万人，其口号是"一切为了前线"。抗日战争时期，许多根据地成立了"抗日儿童团"，为抗日报国做出了很大贡献。在解放战争时期，解放区的儿童团参加了土地改革和支援前线的运动。

新中国成立以后，于1949年10月，中国新民主主义青年团中央常委会举行了

扩大会议，通过了《关于建立中国少年儿童队的决议》和《中国少年儿童队章程草案》，从此少年儿童有了全国性的统一组织。1953年6月23日，中国新民主主义青年团第二次全国代表大会召开，决定将队的组织名称改为"中国少年先锋队"。十年浩劫期间，少先队名称被"四人帮"反革命集团取消，代之以"红小兵"组织。粉碎"四人帮"后，经党中央批准，1978年共青团十届一中全会通过决议，才恢复了中国少年先锋队的名称。

2.少先队的性质与特征

中国少年先锋队是中国少年儿童的群众组织，是少年儿童学习中国特色社会主义和共产主义的学校，是建设社会主义和共产主义的预备队。具体而言，主要有以下四个特征。

（1）组织性

中国少年先锋队是一个少年儿童群众组织。作为一个组织，它具有明确目的和鲜明的标志。

少先队的目的是：团结教育少年儿童，听党的话，爱祖国、爱人民、爱劳动、爱科学、爱护公共财物，努力学习，锻炼身体，参与实践，培养能力，立志为建设中国特色社会主义现代化强国贡献力量，努力成长为社会主义现代化建设需要的合格人才，做共产主义事业的接班人。维护少年儿童的正当权益。

（2）教育性

中国少年先锋队是"少年儿童学习中国特色社会主义和共产主义的学校"，这体现了少先队组织的"教育性"。党以"先锋"命名少先队，就是要求少先队时刻以"先锋"的名称、"先锋"的榜样来激励教育广大少先队员从小学"先锋"，长大争做"先锋"。少先队有明确的奋斗目标，它要求少先队员从小树立共产主义的伟大理想，学习革命道理，学习知识，锻炼身体。对于年幼的儿童来说，他们虽然不能完全理解其深刻含义，但随着年龄的增长，随着不断参加少先队的活动，他们会逐步懂得，现在努力学习、生活、实践，是为了将来实现这个目标。作为建设社会主义和共产主义的预备队，其任务是光荣而艰巨的，光荣在于她是为明天的事业而进行准备的后备力量；要完成明天的任务会遇到很多困难，少先队员们必须从今天开始扎实努力。要实现这个伟大的目标，少先队员就应该从小事做起，从身边事做起，培养自己的集体主义精神和责任感，把伟大的目标同当前的行动联系起来。

所以，在这个集体当中，一切活动和工作都是有一定的目的的，都和少先队的奋斗目标有着内在的联系。所开展的各种丰富多彩的活动，是为了培养少年儿童的主人翁精神和工作责任感，使少年儿童逐渐懂得关心集体的利益，培养他们爱集体的思想感情。因此，把少年儿童组织起来进行教育，是少先队建立的宗旨。

（3）群众性

《中国少年先锋队章程》第十一条明确规定，"凡是6周岁到14周岁的少年儿童，愿意参加少先队，愿意遵守队章，向所在学校少先队组织提出申请，经批准，就成为队员"。这个规定不仅使少先队组织具有儿童性特点，同时也指出了少先队组织不是少数少年儿童的组织，而是由全体符合队龄的少年儿童组织起来的群众性组织。少先队的群众性（或全童性）是由党建立儿童组织的根本目的所决定的，这就是"为了组织和教育全国少年儿童"。

全童入队是少先队建设的重要原则，它适应少年儿童的年龄特点，符合他们的心理要求，有利于全体少年儿童健康成长。集体组织有强大的教育力量和吸引力量，少年儿童爱集体，喜欢合群，热爱和向往少先队，渴望戴上红领巾，把他们吸收到少先队组织中，是少先队进行教育的前提。少先队组织越壮大，团结的少年儿童越多，它的作用也就越大。少先队的群众性，不仅表现在队的发展上，更重要的是表现在队的教育活动上，要求做到"团结全体，面向全体"。

（4）自主性

少先队是儿童的自愿联合体，是在共产党领导下和共青团带领下，准备参加社会主义现代化建设事业的预备队，是和谐社会最广泛、最基础的社会组织。它不是团组织的一个附属机构，而是少年儿童自己的群众组织。儿童们在少先队组织中，是唯一的、完全的主人。作为少年儿童自己的组织，少先队历来重视少先队员的自我教育、自我管理，发挥队员自身的积极性、主动性，引导少年儿童在实践中学本领，长才干。因此，在"队的目的"中，"参与实践，培养能力"就是要求少先队通过丰富多彩的少先队活动，能够"自学、自理、自护、自强、自律"，队的全部活动都由队员自己决定，队的全部工作都由队员自己来当家做主。队员通过行使和履行自己的权利，逐渐意识到自己是队组织的主人，从而培养主人翁的思想，自觉主动地关心队的活动和工作，更好地发挥主动性、积极性和创造性，自己教育自己，自己管理自己，自己发展自己。同时，培养多方面能力，如选择能力、竞争能力、承受能力、社交能力、合作能力等等。

二、班队活动的意义

班级是学校教育结构系统中最基本的单位，学校关于教育方针政策的贯彻执行，教育教学工作的开展，通常是以班级为基点进行的，并通过班级工作落实到每个学生身上。学校教育教学任务的完成和各项活动的开展，大多是通过班级具体实现的。因此，班级工作关系到整个学校教育质量的高低，校风学风的优劣。

少先队是学校实施德育的重要途径。少先队通过各种创造性活动对少年儿童进行生动形象的教育，把理想的种子播在少年儿童的心里，使他们从小就开始树立远大的理想，逐渐懂得现在努力学习、工作和生活对未来实现这一理想的意义。

总之，班队是学生进行学习和交往的微观环境，是学生全面发展、健康成长的摇篮，做好班队工作，意义巨大，影响深远。可以说，它对国民素质的提高和社会主义江山的长治久安起着奠基作用。

第二节　班队建设的意义和构架思路

一、班队建设的重要性及其意义

班队建设主要是指班队集体的建设，它是班队工作的基本内容。班级是由一个个学生组成的，少先队是由一个个少先队员组成的，然而，当他们从简单的集合体发展为集体的时候，班队集体的特性已不再是个体特征的简单相加，而完全是以一种整体的面貌出现，显示出巨大的教育性。所以，加强班队集体建设，是学校教育的一项十分重要的工作。

（一）班队建设很有必要

班级和少先队的工作，尽管在小学教育的实际活动过程中，往往是两者合二为一的，然而，从组织特性而言，两者又有所不同。当新生入学，被编入一个班级时，他就是这个班级的一员。虽然这是一个事实，但这是一种很表面的现象，因为在这个学生的意识中并不一定具有对这个班级的归属感。几个或几十个学生简单地聚合在一起，这只是一个学生群体。班级是一个学生群体，只有当这个群体具有了共同的活动目的、共同的价值观念以及共同的社会心理特性的时候，才开始发展成为班级集体。集体是群体发展的高级阶段。苏联教育家马卡连柯对集体做过深入的研究，他认为"集体是具有一定目的的个人集合体，参加这一集体的每一个人是被组织起来的，同时拥有集体的机构"，"集体是活生生的社会有机体，它之所以是一个有机体，就因为那里有机构、有职能、有责任、有各部门之间的相互关系和相互依赖，如果这样的因素一点也没有的话，也就没有集体了，所有的只是随随便便的一群人罢了"。

所以说，班集体是需要通过培养才能逐渐形成的。

同样，少先队作为少年儿童的先锋组织，也存在一个培养与建设的问题。当一个少年儿童没有加入少先队时，存在如何培养、引导他加入少先队的问题；而当这个儿童加入少先队组织后，依然存在继续培养的问题，这个继续培养如果放到整个少先队组织中去看的话，实质上就是一个少先队组织的建设问题。一个组织成立了，如何维护、壮大，如何提高、发展，使之保持活力，发挥出最大的功效，都是一个建设问题。

同时，应该看到，任何集体都不是一成不变的。一个结构松散的群体可以发展成为一个组织严密、目标明确和高效率的集体。同样，一个集体如果不加强建设，也可能蜕变为一个普通的群体，甚至乌合之众。为此，一个良好的既存集体需要不断发展，也需要加强建设。从这个意义上讲，无论是班级还是少先队组织都要加强自身建设。

（二）班队集体建设对教育的作用

马卡连柯曾经说过，教育了集体，团结了集体，加强了集体，以后，集体自身就成了很大的教育力量了。在这里，马卡连柯揭示了集体与教育的关系，即集体既是教育的对象，自身又具有教育力量。集体是教育的对象，就是说要加强集体建设。因为教育应当是集体的教育，即使是对个体的教育也应该通过集体来进行。这样的教育才会是最有效的。集体又具有教育的力量，就是说一个具有明确的方向、共同的奋斗目标、强有力的组织核心、正确的舆论和优良风尚的班队一旦形成，其本身就具有一种强大的教育力量，发挥着重要的教育作用。

具体来讲，可将班队建设的意义归纳如下：

1.加强班队集体建设，促进学生社会化发展

所谓社会化就是指作为个体的生物人成长为社会人，并逐步适应社会生活的过程。这里的"社会人"可以认为就是掌握了社会的群体行为方式，并将社会文化的主要内容内在化了的人。社会化的内容也就是个人学习和掌握社会文化。

社会文化十分纷繁复杂，就狭义的社会文化而言，是指一定的物质资料生产方式基础上精神财富的总和；广义的社会文化，可以指人类在社会历史实践过程中所创造的物质财富和精神财富的总和。

学校是少年儿童社会化重要的外部社会环境。对于进入学校的少年儿童来说，在社会化方面，学校的作用会逐渐超过家庭和家长的作用，成为最重要的社会环境因素。而实际上，学校对少年儿童社会化的作用，绝大部分是通过班队集体体现出来的。少年儿童在班队集体中学习和掌握各种知识、技能、行为方式、道德准则和价值规范，在这一同龄人的集体中，通过彼此交往，相互理解，相互模仿，相互感染，从而促进共同发展，使他们能够顺利地摆脱成年人的支配而独立地走向社会。

2.加强班队集体建设，促进学生个性化发展

强调加强集体建设并不是要抹杀个性的发展。所谓个性是指在个人自然素质的基础上，由于社会的影响，通过个人的活动而形成的稳固的心理特征的总和。

自然素质是个性形成和发展的必要物质前提，但是自然素质并不能决定个人的个性，个性不可能由先天决定，而是在社会影响下形成的。离开了社会，个性便失去了存在的基础。马克思认为："人的本质并不是单个人所固有的抽象物。在其现实性上，它是一切社会关系的总和。"根据马克思的这一观点，可以认为个性的本质也是社会的。

既然个性是社会的，它的形成也就离不开一定的社会条件。一个人在学习知识、技能，掌握社会规范和形成价值体系的同时，又要确立自我形象，完成个性化。从这个意义上可以说，人的社会化和个性化是对立统一的。

班队集体是促进人的社会化的重要社会环境，也是促进人的个性化的重要社会环境。人的个性发展，是人进入新的社会环境，并与之融为一体的过程。这里所说的社会环境，从广义的角度而言，包括家庭和学校。

3.加强班队集体建设，促进学生知识的学习与智能的发展

自有班级授课制以来，以班级为单位的集体教学成了最主要的教学形式。尽管这种班级教学形式存在着种种弊端，如教师面对几十位学生进行统一的教学，无法顾及学生的个别差异，不利于因材施教。然而，班级授课制在影响学生学习上有着巨大的作用。正如夸美纽斯所分析的那样，"在学生方面，大群的伴侣不仅可以产生效用，而且也可以产生愉快……因为他们可以互相激励，互相帮助。……一个人的心理可以激励另一个人的心理"。

归属的需要、对集体生活的向往，往往可以激发正确的学习动机。虽然个别学生可能会由于学习上的失败，产生回避集体的情况，但大部分学习状况正常的学生，他们从班级集体中获得的肯定评价，会进一步强化他们的学习动机和兴趣。共同的学习给予他们归属的满足，并使他们获得认知需要的满足。

集体学习还会形成学生间、师生间的相互影响力，即通常所说的"氛围"。良好的学习氛围，会极大地影响学生的学习效能。

二、班队应如何建设

（一）班队集体的思想建设

班级中全体成员的群体意识、舆论风气、价值取向、审美观念和精神风貌的反映，是班级文化的核心与灵魂。因此，班队的思想建设在班队建设中处于主导地位。因为它决定着班队集体建设的方向，直接影响班队集体的形成和发展。班队集体的思想建设包括许多方面，但根据小学生的身心发展特点以及思想品德教育的规律，在小学班队思想建设中，应该把社会主义道德品质教育和正确的班队舆论的形成作为班队工作的重点。

（二）班队集体的组织建设

1.建设班级文化，制定班级公约

文化，是指人类在社会历史发展过程中创造的物质财富和精神财富的总和。班级文化可以分为"硬文化"和"软文化"两类。硬文化是显性的，看得见、摸得着。如教室的墙壁上贴的名言警句、自己班级学生的书法绘画作品，教室里的图书角、书报架等等。学生可以通过翻阅书籍、上网查资料，让教室的每个角落都充满着文化的气息。"软文化是隐性的，包括制度文化、价值观文化、目标文化、观念文化和行为文化。建设软文化，让学生形成关于班级建设、学生之间如何相处，社会、人生、世界、价值的种种观念。这些有利于增加学生的人文底蕴和科学精神的培养。"

班级文化是一种个性文化，如可以设计班歌、班徽，加强班级凝聚力，增进学生之间的了解和信任。我班通过师生共同制定规章制度，使学生更好地接纳对班级制度的认同。主要以中学生日常行为规范和学校的相关制度为依据，同时根据班级实际，体现班级特色。班级制度文化建设是形成良好班风的必要条件，要十分重视。通过班级公约的制定，让学生养成良好的学习习惯、行为习惯。班主任不能因为偏爱某个学生，而对某些学生违反公约的行为纵容。一定要保证规章制度的公开、公平、公正。制度从实施之日起，就要保证它的公正性。班级文化代表着班级的形象，体现着班级的生命，对身处其中的每一个班级成员的健康成长都将产生重要的影响。

2.培养班级精神，打造班级名片

"班级精神文化属于观念形态层，是班级文化的核心内容，包括班级精神、班级凝聚力、团队意识、班级文化活动等内容。这些内容反映价值观、人生观深层次的文化。"

"一个班级要有班魂，也就是班级精神。这种精神要在班级成立之初有意识地培养，逐步让学生理解接受，根植在全体学生的心里。"打造一个班级的名片，绝不是搞面子工程。班级名片是一个班级的品牌，是团体中的同学向着更高的目标前进的动力。一个班级如果有了自己的特色会极大地增强学生的自信心、自豪感、集体荣誉感和班级凝聚力。我曾经带过一个在老师们眼里什么都不如人的班级。我仔细观察了一下，发现班里的学生想法都比较消极，认为成绩差、老师们都已经放弃自己了，就混混日子好了。我并没有怨天尤人，破罐子破摔，而是积极地采取行动，在细微处、在别人的不经意间，努力打造一张张班级的名片，从"最干净的讲台"，"零迟到班级"到"最具爱心班级"，"运动会精神面貌最佳"……积小成大、积少成多，让孩子逐渐摆脱消极情绪，变得积极乐观开朗。

3.要有共同的目标和信念

班级凝聚力是在多因素共同作用下形成的。如果有一车沙从大厦顶上倒下来，对地面的冲击是不太大的，如果把一整车已凝固成整块的混凝土从大厦上倒下来，其结果就大不一样。团队管理就是把一车散沙变成已凝固成整块的混凝土，将一个个独立团队成员变成一个坚强有力的团体，从而能够顺利完成项目的既定目标。一次学校组织合唱比赛，可是班里有部分学生认为女生声音太小拖班级的后腿，比赛肯定是没希望了，于是一个个都无精打采的样子，训练的结果是一天比一天糟。每次合唱比赛，我班的各项活动都能在紧张而又有序的气氛下运行，往往是既取得了良好的运动成绩，又增强了班级的凝聚力，收获非常大。

4.开展多种活动，提高学生的基本素养

人的能力在活动中得到培养和锻炼。班级活动是班级文化建设的有效途径之一。班级活动一般可分为两类：一类是学校组织的活动，如军训、运动会、艺术周等。这类活动规模大、影响深，对于形成健康向上、团结进取的班级团队精神起很大作用。在军训过程中，有一部分学生害怕吃苦，有畏难情绪，甚至还有学生想请假来逃避军训，如果老师没有及时发现问题，可能就错失了一次很好地培养学生吃苦耐劳精神和团队意识的机会；对于学校每年举行的校运动会，很多时候，只有少数同学参加，班主任除了做好动员工作外，像接力赛、运动会报道都要积极重视，这有利于培养班级凝聚力；认真组织学生参与艺术节，培养集体荣誉感。另一类是班级内部的活动，如班会、辩论会、演讲会、兴趣小组等。学生们通过参加各种项目的活动，学会学习、责任担当、实践创新这些素养能够得到提升。

5.建立合作小组，实现学生的自主发展

很多老师都认为一个班级只要有一部分能力较强的班干部管理班级就可以了。的确，有这样一批班干部，班主任的工作会轻松不少。但是，其他学生的能力就很少得到培养和发展。在一个班集体中，如果能充分调动每个学生参与到班级管理中来，即使班主任不在，也能自觉、自主安排活动。

在班级中，我把学生小组称之为自治团队。让学生自治，不是自由行动，而是共同治理，不是放任不管，而是自主自觉。志趣相投的孩子集中在一起或者是各有所长的孩子在一起，会更加有积极性，更加珍惜和同学之间的感情。

作为班主任不要轻易放弃任何一个学生，这个学生有可能会成为你的小助手、好帮手。我曾经任教的一个班级中，班主任发现孩子打电脑玩游戏以致成绩明显下降，于是联系了孩子的家长，却没想到这位家长一直说自己忙，没空管孩子，只要孩子待在家里玩电脑就可以，至于做不做作业都没关系。这位班主任自此之后再也没管过这个学生。如果碰到了这种情况，联系家长也没用处，那只能班主任平时在学习和生活中多关注这样的孩子。要及时发现这个孩子的优点。其实这个孩子特别爱看课外书、在体育活动中经常帮助老师拿运动器材，这样的孩子尽管成绩相对不理想，但是品行善良。后来，我接任了这个班的班主任工作后，经常在他帮助班集体做事之后积极表扬。同学们对他的看法有了明显的改观。最初班级里的各个小组都不愿意他加入自己的团体，到后来都抢着要这个学生。他爸妈说，现在孩子回家都不玩电脑了，老是说同学、老师对他怎样好。所以，班集体管理是让团队中的每个学生都成为不可或缺的存在。

总之，基于学生核心素养的班集体管理团队建设，离不开老师们和学生的共同努力，只有全面关注学生，一切为了学生的发展，班主任的工作才是意义非凡的。世界上可能没有什么职业像班主任工作一样充满了创造性：每个班级的情况是不同的；每个学生的性格特点也是不同的；每个家庭和家长也是不同的。孩子们的发展充满了不确定的因素，尤其是初中学生，正经历身心发展变化的特殊阶段，这一切因为遇到一个优秀的班主任而发生变化。"只要用心，每个人都能成为最好的班主任。"教育，成全了学生，也成全了班主任。让学习和教育都成为一件幸福的事。班主任是学生人生路上的导师，在自己的班级里重塑学生的精神世界，是我们责无旁贷的使命。

（三）班队集体的环境建设

班队环境建设是班队集体建设的重要方面。无论是对班队集体的形成，还是对班队集体的巩固和发展，无论是对班队集体的思想建设，还是对班队集体的组织与制度建设，都有着重要的意义与深远的影响。

具体来讲，班队环境建设首先是具有导向作用。良好的班队环境可以通过各种环境因素集中一致的优势，引导学生接受一定的价值观和行为准则，使他们向着社会所期望的方向发展。其次是具有凝聚作用。良好的班队环境可以通过特有的影响力，将来自不同地理区域、社会阶层和家庭背景的小学生聚合在一起，使他们对班级集体产生归属感和认同感。再次是具有陶冶作用。良好的班队环境可以陶冶学生的情操，净化学生的心灵，使他们养成高尚的道德品质和行为习惯。另外，具有激励作用。良好的班队环境可以有效地激励学生发挥积极性、创造性，创建和培育振奋、团结向上的精神力量。最后，还有健康作用。在卫生整洁、空气清新、远离噪音的教育环境下，学生的身体健康就有了保障。有着和谐宽松气氛和友好互助的人际关系的环境，对学生的心理健康也是有益的。

第三节　班队活动中的师生关系与教育

教育是在人与人的互动中进行的，师生交往是其中最为基本的互动。师生互动，不仅是知识信息的传递，而且负荷着交往主体丰富的情绪。教师在举手投足间所呈现的表情变化，随时都处在学生的感知之中，并对他们的情绪、情感产生影响，进而影响到他们今后人际活动的发展。因此，教师要与学生建立起良好的师生关系，首先必须理解学校人际互动在学生社会化发展过程中的意义，掌握各类人际活动的特点，学会如何处理班队活动中出现的问题。

一、班队中的师生在活动中要互动起来

（一）师生互动在班队活动中的重要性

在班队活动中师生互动是师生关系动态的反映。师生关系是社会关系的一个

重要组成部分。它是在教育过程中为完成共同任务进行交往而产生的关系。师生互动就是这一教育活动中师生之间相互影响的一种不断作用的状态。

班队活动中师生互动是一个社会学习的过程。从其教育目的看，是教师对学生的道德、精神生活和价值的倾向性进行有目的的干预影响，使学生实现社会化，成为合格公民。从其内容看，是传递社会基本价值观、道德规范及行为方式。从其参与角色看，教师代表社会，学生为受教育者，师生关系是非对称的、不平衡的。从其影响方式看，学生是在不断交往中了解社会，学会处理人际关系。其中有制度化的显性影响，也有非制度化的潜在影响。从其影响深度看，潜移默化的熏陶可能更有影响力。

在班队活动中师生互动的实质是一个矛盾统一与协调的过程。在很多人眼里，师生天然是一对矛盾体。教师作为社会的代表者，他对学生的影响是一种专业行为，处于矛盾的主要方面，起主导作用。互动的发生，主要取决于教师自身的道德水平及其选择互动的方式是否能够调动学生的主观能动性。班主任道德水平高，就能以自己的道德人格的力量影响学生，感染学生。教育方法科学，符合学生年龄特征和个性特点，就易于激发学生积极向上的需要，反之，则无效，甚至负效。就这一点看，班主任的角色表现有其即时性的特征，互动过程中的教育决策取决于教师的机智、技巧和对教育机会的准确把握。学生作为受教育者，是接受教育的客体，但同时也是自我教育的主体。学生是具有主观能动性的人，对于外在的影响，他总是按照自己的方式，根据自己的需要有选择地吸纳、接受。在教与学这对矛盾的运动过程中，学生的反应必然不断地反馈给班主任，促使班主任对其教育内容、方式以及自身的品格进行反思，并相应调整教育策略，使矛盾统一和协调，达到互动的最佳效果。

（二）师生互动所具有的性质与类型有哪些

班队活动中师生互动包括有多种不同的性质与类型。主要有"兵营"强制式的、"工厂"连续控制式的、"社区"合作式的、操纵式的、交换或交易式的、情感主义式的、竞争式的和冲突式的互动。由于不同性质的师生互动的目的、方式不同，班队活动中师生互动由于各方的地位、关系不同，因而互动的结果。尤其是对学生产生的影响也就可能有极大的差异。

1."兵营"强制式的互动

这种互动是强权主义的，互动中的双方是支配与被支配的关系。长期处在这种班队互动中的学生，很可能感到自己软弱无能，产生失败感，养成奴性态度，或形成强权主义的价值观和相应的行为方式。

2."工厂"连续控制式的互动

其目的是出成果、得高分，学生作为教育"生产线"上的一员，极少有机会表达他们的情感、兴趣，个性发展从根本上受到压抑，学生之间的相互作用经常被抑制，从而容易造成病态人格——严重的依赖性和缺乏自信心。

3."社区"合作式的互动

其中各方地位平等、互相尊重、友善相处，有广泛、深入的交流，并有着共同目的—合作创新。在这种互动模式中成长的学生，往往能形成多元、民主的价值观念，具有宽容、乐学、勇于承担责任和善于向他人学习等品性，有较强的解决问题、处理冲突的能力，有各种机会发挥创造性，而且相互信任、相互支持。

4.操纵式的互动

一方通过操纵对方企图达到他自己的目的。操纵者把自己的意图作为目的，把班队活动中师生的互动作为达到自己目的的工具。经常在这种互动模式中体验生活的学生，容易养成唯我主义、利己主义、唯利是图的性格。

5.交易式的互动

其目的在于班队活动中的双方经过条件交换，各自争取自己的利益。如果经常遵循公平原则进行这种互动，那么学生容易树立公正、平等的理念；但是，如果把交易性互动无限制地推广到人类生活的一切领域，那么在如此的互动熏陶中长大的人，很可能成为善于交易但没有爱心，也不会创造的"经济动物"。

6.情感主义式的互动

班队活动中的各方以有意无意的宣泄感情作为目的，以"我的意志"作为评判是非、善恶的标准。这种班队活动中的互动，往往暗中否定"存在一致意见"的可能，由于缺乏理性的指导，因而极容易引发冲突或对抗。

7.竞争式的互动

其目的在于筛选、分等级和维持等级制度。班队活动中各方的关系是"别人赢，我就必定输"，即在"成功"这个目的方面，各方无法共存。这种互动模式虽有利于培养成就动机和进取心，但同时也存在较多的消极作用，如各方之间很少有积极的相互作用，没有意见交流，或仅有欺骗性、威胁性的交流，全力争取权力、分数、地位等外在利益，而忽略、放弃学习、生活的内在利益，求异思维水平低，冒险精神不足，同伴间信任水平低，很少得到同伴的承认和支持，无法利用他人的聪明才智，助长自卑或自傲等。

8.冲突式的互动

即每一方都无法达到预期的目的，极容易发展成为敌意的对抗，或者在未解决问题的情况下，各方自动放弃接触和互动。这种班队活动中的互动模式本身对儿童的成长无益，但也有转化、补救的办法。通过合作，学生能够提高处理冲突的能力，从而有可能较好地解决问题，消除原先的冲突。

（三）师生互动受哪些因素的影响

在班队活动的互动过程中，教师与学生之间如何相互影响，既应考虑直接影响行为的情况，又要考虑各人承担的角色，以及其他诸多因素。就实际观察资料分析，教育中影响师生互动的因素主要有以下几个方面。

1.良好的教育情境

这是一种精神的、文化的、心理的和谐氛围，它是影响、净化心灵的一种现实力量。和谐是处理好人际关系的基本要素，不和谐就会产生关系紧张，情绪对立。良好的教育情境意味着互动过程中的双方处于矛盾统一状态。双方关系融洽就会产生信任感，愿意倾听对方的意见，师生互动就易于与对方产生共振现象。

2.目标的一致性

目标一致是形成师生合作的基础。师生双方目标不一致，班主任的教育对学生会形成无形的压力，使学生产生被迫感，矛盾双方处于对立状态，并容易发生冲突。而师生双方目标一致时，为完成共同目标就会同心同德形成合力，相互产生依赖性，彼此主动协调，采取相应步骤，努力实现目标，从而发生双向影响作用。共同目标越明确，对目标理解得越深刻；合作性越强，对对方的影响力就越大，班队活动中的师生互动就越充分。

3.明确的自我意识

自我意识是对自己的全面了解和认识。这是师生双方对自己准确定位的依据。定位准确才有互动的条件。对自身有明确的认识，才能确定自己需要什么，要成为什么样的人，应该怎样做。教师有明确的自我意识，把自己定位在既是教育者又是受教育者的位置上，教育者应先受教育，会常常反省自己，对自己作全面审视，并向周围的人包括向他的教育对象—学生学习，从他们身上汲取营养，滋润自己。学生有明确的自我意识，一方面认识到自己正在成长过程中，需要有班主任的帮助和指导，把自己定位在受教育者的位置上；另一方面还要意识到自己是具有独立人格的人，应主动接受教育，不断自我完善。正确的定位，促使双方目标趋于一致。自我意识越清晰，越能积极主动地接受对方的影响，并在诸多影响中做出自己的抉择。

4.对对方的了解

这是指对对方的全面了解和理解，它关系到一个人接受对方影响和影响对方的程度。教师要最大限度地影响学生，其前提是要有针对性，这就要全面了解和研究学生，包括其家庭背景、个性特点、周围环境等等。这样才能具备在互动中成为学生诸多人际关系中"重要他人"的条件。学生要主动接受教育，也必须了解教师对他的关心和期望，并对教师传递的社会价值观念、道德规范行为方式以及教师自身的为人处世、道德品格给予认同。实践证明，一个人是否接受对方的影响，以及多大程度上接受影响，不在于对方实际的力量，而在于对对方的知觉程度。如果学生对班主任不了解，不认可，哪怕班主任的出发点再好，自身道德水平再高，对他人的影响再大，也不可能成为学生的"重要他人"。

5.对对方的期待

期待是一种刺激。人们的期待影响着他们如何行动，其行动的结果又改变着对方的期待。教师对学生寄予厚望，就会给予鼓励和肯定。如果这种期待是恰当、适切的，是经过努力可以达到的，学生为了实现教师对他的期待，必然会加倍努力，以达到班主任期待的目标。同样，学生的成就又会进一步影响班主任，使之看到自身的价值，并给予学生更多的关心与更高的期待。可见师生双方的期待影响着对方的行动和接受对方影响的程度。

二、班队活动中关于不同状态学生的教育

集体教育与个别教育是相互渗透、相互影响、相互促进和相辅相成的。集体教育是班级工作的基本组织形式，个别教育是集体教育的补充和深化。班队活动中班主任要实现特定的教育目标，使其落实到每一个学生的身上，成为学生的自觉行动，就必须认识个体与集体的这种关系，将集体教育和个别教育结合起来，充分发挥各自的优势，使之互相补充，相得益彰，从而形成集体与个体相互影响的良性循环。所谓个别教育，是指针对个别学生的特点和问题，通过个别接触的方式进行的教育活动。一般来说，班队活动中班主任可以根据学生学业与品德发展水平不同的特点实施不同教育。

（一）对良好学生学业与品德发展应如何教育

这类学生是指品学兼优，德、智、体、美、劳各方面发展都比较好的学生。他们富有进取精神，处处不甘落后，严格要求自己；具有较鲜明的是非观念和较强的判断力，不轻信和盲从，遇事有自己的见解；具有较强的荣誉感，热爱集体，团结同学，竭尽所能为集体争取荣誉；他们有相当强的自学、自理、自教能力；具有不畏困难的意志和较好的自我控制能力，行动有较明确的目的性，做事能不畏艰难，坚持到底。这样的学生在班级中较有影响、有威信，是学生中的骨干，也是班队工作者的助手。

这类学生虽有许多优点，但也常会有不足之处：一是优越感。他们在家中是家长赞，邻居夸；在班上是老师爱，同学敬。久而久之，容易产生优越感，认为自己了不起，好指挥别人，教训别人，骄傲自满，目空一切，骄气也随之上升。二是态度傲慢。品学兼优的学生受表扬多，有时就看不到自己的缺点和不足，发展下去可能滋长唯我独尊的思想。受到赞扬时就沾沾自喜，挨批评就难以承受，总想在集体中保持自己的优势。如果有谁超过自己，容易产生嫉妒心理。三是虚荣心强。品学兼优的学生在学习上有不服输、不认输的好胜心理，这种特点若失去节制，发展下去就会变成虚荣，总想事事光耀于人前，出人头地。如果有人强于自己，就会有意贬低别人，甚至弄虚作假，维护自己的"强者"地位。

（二）对中间状态学生学业与品德发展应如何教育

对于部分学业与品德发展处于中间状态的学生，在一个班级中数量最多。但在日常的班级管理过程中，班队活动中的班主任往往集中于"抓两头"，忽视对中间状态学生的教育工作，这是一种错误的做法，必须引起重视。因为学业与品德发展一般的学生正处在变化和发展中，教师对他们的忽视，可能会使他们中的部分人因此滑向下坡，势必扩大问题学生的队伍。因为处于中间状态的学生是较容易转变的，他既可往品学兼优上发展，又可能沦落为问题学生。正因为如此，班主任更要重视对这部分学生的指导和教育。

一般来说，学业与品德发展一般的学生有以下三种类型：其一，智力因素较好，非智力因素较差。这类学生一般比较聪明，能较快地掌握知识，但缺乏毅力，学习不刻苦，因而知识掌握不牢固。对这部分学生，重点是加强非智力因素的培养，教育他们树立远大理想，明确学习目的，端正学习态度。其二，智力因素一般，非智力因素较好。这类学生一般对问题的反应较慢，但学习踏实努力。对于他们仍应重视进行非智力因素的培养，以促进智力的发展。因为智力因素虽与天赋有关，但更重要的是通过后天的自身努力而得到发展。就先天条件而言，人存在着差异，但起决定作用的乃是后天实践活动中的培养、发展和开发。因此，要有意识地努力培养这部分学生的观察力、注意力、记忆力，活跃他们的思维力、想象力，帮助他们掌握学习的方法技巧，促使其智力不断发展。其三，智力因素和非智力因素都一般的学生。这类学生一般理解能力不足，学习又不够努力、不够深入。对于他们，应着重从兴趣入手，寓教于趣，使学生在愉快的气氛中去理解和掌握书本上的知识。平时应经常督促，培养良好的学习习惯，帮助他们明辨是非，并实施成功教育，多鼓励、多表扬，不断提高他们学习的信心。同时，应注重学习方法的介绍，以达到发展智力、培养能力的目的。

在班队活动中，班主任要针对这类学生的发展趋势，有的放矢地做工作。学业与品德发展一般的学生的思想情绪不稳定，在他们身上，积极因素和消极因素经常呈现矛盾斗争状态。当积极因素占主导地位时，他们表现就较好；反之，表现就较差。因此，他们经常变化起伏，忽高忽低，不稳定。班主任要密切注意他们的发展趋势，当他们情绪高涨，呈现积极状态时，要及时鼓励他们上进，并促使其向高层次发展；当他们情绪低落，呈消极状态时，就应及时帮助他们克服和解决各种困难和问题，使他们振奋精神，奋勇前进。此外，在各种班队活动中，要给他们创造条件，让他们在班队集体中有展示自己才能的机会。这部分学生有的思想基础较好但工作能力较差；有的则是性格内向，胆量较小，怕在人群中露面丢丑等。对于这些情况，班主任和辅导员要有意识地开展工作，帮助他们鼓起勇气，树立自信心，学习先进，力争上游，突破安于中游的思想障碍。

（三）对存在问题行为的学生学业与品德发展应如何教育

问题生无论在小学还是中学，都是大多数或多数，是问题生的主力军。他们的问题主要是家庭教育失误造成的，他们的毛病主要是家长惯出来的，冰冻三尺绝非一日之寒，已经形成坏习惯了，很难改正。那么，面对问题学生，班主任应以什么心理来面对？又应该采取哪些措施来面对呢？

1.教育问题学生班主任还要用平等的态度、诚恳的言行尊重学生。只有让学生获得尊重，学生才会跟班主任沟通交流，才会把心理的烦恼、痛苦向班主任倾诉。所以，班主任在学生谈话时，一般可让学生坐下来，创造一个宽松的环境，必要时可以离开办公室（这地方通常会令学生感到压抑不安），用随和的态度、询问关心的语气，和他们谈一些比较愿意谈的话题，建立起一种师生信赖关系，起到诱导学生正确认识问题，化解他们成长中遇到的烦恼。

2.教育问题学生班主任还要用细心的观察、周详的分析关注学生。表面上，学生的不良行为是突然发生的，其实不然，它还是有一些先兆的，如偏激的言行、忽变的情绪、无助的眼神、异常的行为等，对此，班主任应以细心的关注和及时的洞察，周详、准确的分析出现上述现象的根源，做到早期的预防。班主任不应忽视和课任老师的联系，互通情况，切不可因意见不一而放松警惕，不可因"没有时间、没有精力"而疏于关注和分析，更不能把科任老师向你反映情况当成是否定你的工作，从而失去了最佳的教育机会，导致学生在某一偶发因素的影响下，爆发出违反校规校纪的重大问题。

3.教育问题学生班主任应该用适当的评判、恰当的约束教育学生。学生在成长过程中，难免染上一些坏习惯，如偷懒、撒谎、欺侮弱小、结伙闹事等。班主任对此应及时评判，什么是真善美，什么是假恶丑，要一清二楚地告诉学生，并给予恰当的纪律约束，不能模棱两可。学生的自觉性一般比较差，不给以应有的管束，难免言行走偏乃至性格缺陷、心理畸形。笔者在开学时，利用班会的时间对全体学生进行校规校纪的学习，特别是关于违纪的处罚决定，作为重点进行宣传教育，提高每个学生的思想认识。有的班主任对学生过度宠爱和放任，致使学生良莠不分，无法无天，反而导致他们在遇到必须承担责任、面临一定压力的时候退避三舍，导致学生无责任感、无正义感和缺乏拼搏精神。

4.教育问题学生班主任要有足够的耐心、采取科学的帮教矫治学生。一旦学生出现偏激言行和反常表现时，班主任应及时洞察，以足够的耐心，对症下药，帮助矫治。要俯下身子，贴近学生，不急不躁，去真心理解学生，回想自己做学生时是否也曾有过这样的经历，以便于动之以情，晓之以理，并针对学生目前所处的困境和性格弱点，帮助其梳理分析，探讨改正途径，循序渐进，逐步纠偏，切不可随意的"训、罚"。越是简单粗暴的做法，就越容易促使学生走极端，进而形成一种不健全的心理。对不同的学生采取谈话的方式和语言要有所不同。比如对外向型学生要严些，直截了当，对内向胆小的学生，要婉转些，试探的进行。谈话要适可而止，给学生留有思考的余地。

总而言之，要转化好问题学生，班主任老师需要在实践中不断了解掌握问题学生的心理活动及特点，采取恰当的工作方法和与学生交流的技巧。班主任要拿望远镜看别人，拿放大镜看自己，这样才能带领问题学生走向一个美好的未来，做一个对社会有用的人。

第四节　班队活动的组织设计

一、班队活动题材的来源

班队活动的题材是指为落实班队活动教育内容而挖掘的班队活动的素材。其素材来源可以从以下几个方面考虑。

（一）从学生的常规学习和生活中选择素材

学习是学生在校最主要的活动，其中有许多内容可以提炼出来作为班队活动教育的有效素材。为提高学生的学习自觉性，可以开展以学习先进或"我和祖国现代化建设"为主题的理想教育；为帮助学生改进学习方法，则可以开展学习方法经验交流会或学习方法讲座等。学生在学校的生活，看似平凡，但为班队活动提供了丰富的素材。许多有经验的班队工作者往往善于从这些单纯的事件中，抓住典型，"小题大做"，巧妙筹划，设计出极有意义的班队活动。

（二）从重大的节日中选择活动的素材

从年初到年末，我国有许多节日可作为班队活动的基本素材。各种法定节日、传统节日，革命领袖、民族英雄、杰出名人等历史人物的诞辰和逝世纪念日、建党纪念日，红军长征、辛亥革命等重大历史事件纪念日，"九一八""南京大屠杀"等国耻纪念日，以及入学、入队、入团、成人宣誓等有特殊意义的重要日子，都蕴藏着宝贵的思想道德教育资源。江苏省常州市局前街小学把节假日作为学生生命成长的节点，他们根据时代的发展要求，对节假日细心梳理分类，精心策划，使节假日价值清晰化、活动系列化、层次化。

（三）根据地域特点，选择活动素材

每一个地区，都有自己特有的自然环境、风土人情、名人轶事、革命斗争史、建设成就、新人新事等。这些都蕴含着十分丰富的教育内容。例如，可以组织学生深入农村、城镇调查，了解本地区的经济发展状况，以增强他们建设家乡的使命感；有光荣革命传统的老区，可以开展"纪念碑前描英名""英雄故里觅忠魂"等革命传统教育活动，教育儿童牢记革命烈士的光辉业绩，珍惜今天的幸福生活。

二、组织班队活动一般有哪些形式

班队活动多种多样。从内容上主要有主题教育活动、班队例会、班队文艺活动、班队体育活动、班队科技活动、班队劳动和班队游戏活动等。

（一）主题教育活动的含义及基本要求

主题教育活动是指在班主任或辅导员的指导下，根据学校教育的计划，针对学生的实际情况提出一个主题，围绕这一主题而进行的教育活动。其主要形式有：主题班队会、主题报告会、主题座谈会和主题伦理性讲话。这里以主题班队会为例着重阐述设计、组织和指导这些主题教育活动的一些基本要求。

1.确定鲜明的主题

主题是主题班队会的灵魂，开好主题班队会首先要确定鲜明生动的主题。必须把思想性和针对性作为班队会选题的宗旨，使教育活动具有生动的教育性和感染力。因此，既要准确把握学生的实际思想，又要充分领会社会对学校教育的基本要求，把两者紧密结合起来，使主题班队会既能满足学生的心理需要，引起他们的兴趣，又充分体现教育性和趣味性，达到寓教于乐的目的。

2.制订周密的计划

一般来说，在学期或学年之初，班主任或辅导员就要根据学校教育的要求和班队的实际情况对一个学期或学年的主题班队会做出安排，大致勾勒出活动的计划，但具体到每一次班或队的主题会，则要与学生共同讨论后做出更为周密的计划。

3.做好充分的准备

准备过程本身就是一个教育过程。计划是以文字的形式描述活动的程序和安排的过程，而准备则是计划实质性的落实阶段。因此，准备有两个方面。

（1）物质准备

包括选择场地，落实场地器材、多媒体课件（视频、图片、音乐），布置会场。

（2）人员准备

人员准备主要是对活动中人员职责、角色进行分工。这个分工是要尽量体现职责和角色的公平性，尽量使每一个学生都有机会承担活动所要求的角色，做到人人有岗位，个个有职责，既发挥特长，又尽自己的义务。尤其是对一些活泼好动、比较调皮的学生或集体观念不强或性格内向和有特殊才能的学生，更要给他们分担一定的工作，为他们创造表现、锻炼和受教育的机会，使他们在活动中增强责任感、自尊心和自信心。

4.举行班队会主题活动

在做了充分准备工作的基础上，把富有感染力的情境、新颖有趣的形式和具有针对性的主题紧紧地结合在一起，举行主题班队会。在活动过程中应以学生为主体，教育者起引导作用，使活动全过程形成一个"动之以情、晓之以理、启之以思、导之以行、持之以恒"的良性流程。

5.总结巩固成果

班队会教育活动结束以后，应与学生一起对活动的实施情况和结果进行分析总结评估，肯定成绩，找出不足，巩固班队会活动的成果。有的班主任要求学生将主题班会写成日记或作文，或出墙报，以加深学生的印象。这些都是比较好的可供借鉴的成果巩固形式。

三、组织班队活动的形式

（一）认识班队文艺活动的类型

班队文艺活动是班队文化艺术娱乐活动的简称，是指学校通过健康的文化艺术娱乐活动对学生进行熏陶和教育，以发展学生的美感和健康心理品质的教育方式。

班队文艺活动形式多样，这里只介绍一种学校常用的活动形式——联欢会的组织。班队联欢会常见的有以下几种类型：

1.文艺联欢会

这是班队联欢会的形式，可以由学生表演小品、相声，演唱歌曲等等。

2.生日联欢会

这主要是借学生生日而开展的活动。这种方式在班级活动中运用较多。班主任可以找到某个或几个典型学生，问清他们的生日，借助生日，勉励各方面都表现好的学生，使他们再接再厉；对某些方面还有不足的学生，可以在生日联欢活动愉悦的气氛中肯定他们的优点，又指出他们的不足。教育实践的经验证明，通过这种方式教育，要比单纯的说理教育效果更好。这种方式更多地适合小学中高年级学生。

3.节日联欢会

节日联欢会是指专为庆祝节日而举办的联欢会。尤其像儿童自己的节日

"六一"节，学校常以班为单位组织排练，在全校进行表演，这样既庆祝了节日，又锻炼和教育了学生。还有中华传统节日，如元宵节、端午节、中秋节等，都是可以利用的节日。

4.毕业联欢会

毕业联欢会对小学生来说是一次很有纪念意义的活动。这是一种既可以让学生回顾过去，加深同学友谊，又可使他们展望未来，培养他们理想的良好形式。

（二）了解班队体育活动的内容

班队体育活动是指在学校体育课以外开展的，以增强体质、提高体育技能、促进学生全面发展为主要目的的教育活动。

班队体育活动包括球类、田径、体操、游泳、拔河、游戏、棋牌等项目。由于在课外进行，对于丰富学生的课余生活，促进学生素质的全面发展有着极其重要的作用。

班队体育活动能够增强学生体质，以其丰富多彩、生动活泼的形式和内容，吸引感染学生，可以在活动中培养其良好的情操和道德风貌。特别是体育竞技运动中的激烈竞争、顽强拼搏、奋勇争先，对培养现实社会所需要的竞争与开放意识、进取与拼搏精神、团体协作意识、适应与组织能力以及勇猛顽强、机动灵活、沉着果断的品格以及毅力、意志力等的培养具有重要作用。

开展班队体育活动应注意活动内容的合理搭配，以全面锻炼学生体质。对身体条件还稚嫩的小学生尤其要注意活动恰当、适量。对不同年龄阶段、不同性别、不同身体素质的学生要区别对待。例如，在运动项目的选择上，女生可以增加一些艺术体操、舞蹈和体育游戏等，以便她们在全面发展身体素质的基础上，着重进行柔韧性、协调性的锻炼，发展女生的形体美。除此之外，还要注意坚持性和循序性。因为体育锻炼是一项技能性很强的活动，而技能形成的最基本条件就是练习和巩固。并且，技能水平的提高是一个由易到难、由简到繁的过程，组织学生进行体育运动时，切忌心急气躁，急于求成，在没有相应的技能基础时，不可强行提高运动水平，以免造成不必要的伤害。

（三）了解班队科技活动及其内容

班队科技活动是指以学习科学技术，促使学生发挥潜力为目的的教育活动。它对于巩固和加深学生在课堂上所学的知识，丰富和开阔知识视野，培养创新精神和实践能力，有着极其重要的作用。

课外科技活动是培养学生形成科学价值观和世界观的有效途径。学生掌握了知识并不一定能够形成自己对待世界、处理事件的正确观点，只有在对知识的实际运用中，才能切实体会到知识的实践功能，体味出其中所蕴含的思想意识和价值理念。班队科技活动正是学生将所学知识运用于实践的很好途径。

开展科技活动是发展学生观察能力和思维能力的有效方式。观察力是人们认识事物的基本能力。开展科技活动，尤其是一项生物学科的活动，要求学生到野外观察，使学生的知识由理性到感性，再由感性上升到理性。思维能力是智力的核心，在参与科技活动的过程中，能很好地培养学生形象思维和抽象思维的能力。通过实验操作，可以培养学生的动手能力，尤其是学生对自己感兴趣的内容深入探索，可以更好地培养创新能力。

在科技活动中，学生也会受到集体主义教育，培养学生的合作意识和合作能力。科技活动是集体活动，许多工作必须在大家的参与下，相互帮助，相互协作才能完成。如郊外的标本采集、航模的制作与调试等，都离不开集体的协作。在各种科技比赛中，更是要团结一致，齐心协力，才能出成果。在实践活动中，学生可以懂得个人在集体中的作用，学会合作，从而增强集体观念，培养热爱集体、关心集体的优良品质。

开展科技活动，对培养学生实事求是的科学作风、严谨细致的科学态度、坚韧不拔的意志品质以及创新精神、实践能力等都具有重要的作用。

（四）了解班队劳动的相关工作内容

1.班队劳动的意义

组织学生课外劳动，是对学生实施劳动教育的主要形式，是学生社会化的主要手段之一，对学生的发展具有重要的意义。

班队劳动，有助于培养学生正确的劳动态度，增强学生热爱劳动，热爱劳动人民的思想感情。通过劳动，可以使学生切实体味劳动的艰辛，从而养成爱护物品、勤劳俭朴、艰苦奋斗的优良品质。由于劳动常常是在集体中进行的，因此，通过劳动还可以增强学生的集体观念和组织纪律性。

班队劳动也是促进学生智力、体力、审美情趣发展的有效途径。劳动是人与大自然打交道的过程。大自然的千变万化常常使学生感到困惑不解，这种困惑正是启迪学生思维的"导火索"，可以促使学生用眼去观察，用双手去探索和实践，由此引起的创造性思维生动形象，思路开阔。

学生参加适度的劳动能使肌肉、筋骨受到锻炼，促进新陈代谢，增进神经系统、呼吸系统的机能，提高抵抗疾病的能力，增强体质和体力。同时，组织学生参加必要的劳动，对促成学生美感的发展具有积极的作用。

这是因为劳动是一种学生接触美、创造美和表现美的过程，通过劳动使学生感受美的劳动成果，体味美的行为表现，对提高他们鉴赏美、创造美和表现美的能力都有着不可忽视的作用。

2.班队劳动的组织与指导

从形式上看，班队劳动主要有生产性劳动、社会公益性劳动、自我服务性劳动。适合于小学生的班队劳动主要有社会公益劳动和自我服务劳动。

（1）社会公益性劳动的组织

社会公益劳动也称义务劳动，包括生产性公益劳动和服务性公益劳动。如植树造林，整顿校容、市容，搞清洁卫生，维护社会秩序，帮助烈属孤老，参加工厂和农村劳动等，都是社会公益劳动的很好形式。

组织小学生参加社会公益劳动要有针对性，根据学生的实际状况，有目的、有计划地进行，公益劳动要内容丰富，形式灵活多样，既可在校内又可在校外进行。传统班队公益劳动形式一般有做校内、校外清洁卫生工作，如清除垃圾，铲除杂草，平整校园，洗刷街道护栏等；助老、助孤、助残；协助维护公共场所秩序等。

开展社会公益劳动有一定的程序。首先要制订比较周密的活动计划，就劳动的内容、形式、时间、地点、人员组成做出明确的安排。其次要做好准备：一是精神准备，即活动前对学生进行必要的思想动员，阐明劳动的意义以调动他们参加劳动的积极性，同时要进行安全教育，防止意外事故的发生；二是物质准备，包括所需工具，学生个人必需的生活用品及基本的急救药品等。在劳动过程中要给予必要的指导。对小学生来说，他们具备一些劳动的基本技能和常识，让他们参加劳动，尤其要精心组织，细致指导，每一阶段要达到什么标准，教师要告知学生并及时检查。劳动如果不讲质量，劳动也就失去了对学生的教育意义。最后要有总结评价。社会公益劳动结束以后，教育者要组织学生对一次、一天或一个时期的劳动进行总结，对学生的劳动热情、技术、责任心、纪律、协作精神、质量以及效率都做出客观公正的评价，指出成绩，找出不足，使学生真正受到教育。

（2）班队自我服务性劳动的组织

班队自我服务性劳动是指教育者组织学生开展自己的事情自己做，以养成个人良好的学习与生活习惯，保持环境整洁卫生的教育性活动，如穿衣、刷牙、铺床、叠被、系鞋带、摆放桌凳、整理学习工具、扫尘、购物等。自我服务性劳动依学生所在的场所不同，可分为学校自我服务性劳动和家庭自我服务性劳动；依活动的内容可分为服务于学习的自我服务性劳动和服务于生活的自我服务性劳动。

自我服务性劳动体现了个体最起码的社会责任心。一个人在社会上，生活和生存是第一位的，必须首先干好自己的事情，做好自我服务的事，这是奉献社会、服务大众的基础条件。

现在的小学生基本上都是独生子女，这些独生子女虽"人独"，却"事依"，一般而言在家庭受到呵护、照顾、帮助的多，自理能力差。成人的呵护与帮助可能会一时减少他们的失误，但却影响了他们自立能力的发展。一个人能自立方能自强，从这个角度来看，组织学生参加自我服务性劳动的意义是十分深远的。

组织小学生的自我服务性劳动时，教师一要向学生说明目的和意义。讲意义不是给小学生讲大道理，而是深入浅出，培养他们从小就不依赖父母，不依赖教师的光荣感和自豪感。二要具体指导他们每一天应该完成什么任务，一个学期应该达到什么标准，直至把劳动的要求变成自己的习惯。同时，教师要根据学生的不同年龄、不同能力背景，提出不同的自我服务要求。从技术上讲体现从易到难的原则，力量的使用从小到大，以达到步步提高的目的。对于表现好的学生要予以表扬，表扬要注意看劳动态度而非能力。

学生的自我服务性劳动一半在家庭，一半在学校，因此，班队工作者要与家长保持密切的联系，可以通过家长、学校联系单的方式把要求写给家长，由家长督促孩子完成自我服务性的劳动要求。

第四章 班主任管理工作中的原则遵循

第一节　以人为本的原则

所谓"以人为本"，便是以尊重学生、关心学生和信任学生的管理理念为前提，以培养人才、造就人才、发展人才的科学理念为目标，落实中学生全面发展。那么就要抛弃传统的管理模式，建立"人本管理"的理念与原则，为学生个性化、自主化的发展提供良好的平台，充分体现出学生为主体的地位。中学班主任怎样才能做到以人为本呢？那么就要坚持"四心"的创新管理模式。

一、以人为本，坚持"爱心"

学生是一个特殊的时期，既保留着孩童时的天真，又带着对成人世界的向往，此时的学生心理是十分敏感的，而且可能不是那么的懂事。例如有些男生，喜欢惹是生非，向往外面的世界，不能很好地收心学习，极容易受到外面世界的诱惑。此时的班主任，要作为家长的角色，对待学生严慈相济，先深入了解学生背景，了解他们产生一些不好行为的原因，然后找一个合适的机会和学生聊天，让学生感受到你对他的关心和关爱，走进学生的内心，然后适时地与学生进行沟通。可以说，所有学生现在的行为结果是他们过去几年生活和学习的累积，有因才会有果，班主任要站在学生成长环境的角度去关爱每一个学生，这样才能真正做到从内心深处爱学生。

二、以人为本，坚持"细心"

对学生要细心。步入中学，学生的学习压力不再如小学般轻松，心理会产生很大的变化，会有很多的小秘密与烦恼，比如学科增加之后出现偏科严重致使学习下滑、学生与学生之间的学习竞争压力增大，同时还有面临心理上出现的早恋现象。很多事情的堆积造成学生心理上的负担，或是懵懂，不愿与他人交流。

那么班主任就应该细心地观察学生所面临的心理状况，以朋友的身份去开导学生，打开他们的心扉，聆听他们的故事，以自己作为青少年时期的正能量故事去感染他们，给他们解惑，告诉他们怎样去面对这些变化，引导他们健康地成长。同时，在班级管理中，要善于发现学生们的闪光点，认识到每一位学生的特点和差异，充分发挥出每一位学生的潜力。比如对于偏科喜欢阅读和写作的学生，他的语文成绩很好，但是其他科目不行，那么作为班主任可任命这个学生为语文课代表，经常以他的作文为范例在班上进行阅读，给予表扬，并让他分享他的学习方法，鼓励其他同学向他学习。私下与他进行沟通，肯定他的学习，但也与他表明，其他学科也很重要，希望能做到与语文一样优秀。同时也要与任课教师进行沟通，让教师对偏科学生的学习进行关注与督促。

三、以人为本，坚持"耐心"

对待学生要有耐心。中学生还是一个叛逆的时期，这时期的学生对家庭、对学习甚至对社会都有一种抵触心理，有的学生也许想表现出自己与他们不一样，从而做出违规的事情。例如：不喜欢某个老师的课而逃课或是违法乱纪，与同学言语不和就打架，半夜翻墙出去上网……那么此时的班主任不仅仅要作为一位家长、朋友，还要正视自己的职责，采取"人性化奖惩+思想教育"的模式实行管理。班级是一个集体，它不是一盘散沙，在奖惩教育上便要发挥出集体的力量，一人犯错集体受罚，让学生意识到因为自己的错误连累了集体，从而产生内疚感，以此严格要求自己。此外，班主任要将班级每次参加活动的荣誉奖项张贴在教室里，成为班级荣誉一角；同时也要把集体受罚的项目与原因放在旁边，让每一个学生感受到班级的荣誉感与做得不好的地方，以此激励学生不断的进步。对于犯错的学生，要耐心地引导，最好在不伤害学生自尊心的前提下进行惩罚，比如给大家表演一个节目、打扫教室等等。中学生的心理总是脆弱的，班主任的任何管理模式都不能伤害到学生的自尊。总而言之，班主任在管理上要多鼓励、少打击，给予学生改正的机会，促进学生积极进取的精神。

四、以人为本，坚持"恒心"

对待学生要有恒心。班主任对每一个学生都要做到不放弃、不抛弃，将自己对工作、对学生的恒心积极实践到日常工作中去。那么，对于班级的规章制度就要严格落实，充分发挥出班级的凝聚力。要想学生坚持以恒，那么班主任就要以身作则，成为学生积极学习的榜样。就拿上早自习来讲，小学里并没有早自习这一说，因此学生上学并不用起那么早；到了中学，刚开始几天学生也许能够坚持，但时间一长，难免有学生坚持不住，起不来。此时班主任就应该发挥出领头榜样的作用，先以集体开会的形式告诉大家"我会时刻陪着你们一起学习"，和学生约定时间，早起20分钟大家一起晨跑，锻炼完身体以充沛的精神应对早自习；且每天早上早10分钟在操场等学生。有班主任陪在一起，时间长了就会成为学生学习的动力，学生就会很好地养成遵守规则的良好习惯。同时，这种榜样也要落实到班级的每一项工作中，长久下去，学生就会形成潜移默化，努力将班主任当作学习的榜样和目标，实现师生共同进步。

第二节　民主集中的原则

随着知识经济的到来，社会对人才的要求随之与时俱进。教育的任务是为社会培养建设者和接班人，无论是建设者还是接班人，都应有解放之思想、独立之精神、创新之品质。这种品质是设计、培养、打造出来的，在这个过程中，我们必须做到两点。

一、民主，自由的土壤

在教育中，班级是最基本的单元。在这个单元中，我们要为学生提供自由的空气和无际的天空。

民主，是百花齐放。学生是学习的主人，他们的理想是共同的，但他们的心灵是独特的，只有在解放的土地上，才能百花齐放。孔老夫子提倡的"因材施教"，其意在于尊重个性培养，让人性的花朵在自由的土地上尽情地舒展，从而使学生因教育生出人性的芽，长出人性的叶，树起人格的骨，开出灵魂的花，结好人生的果。

民主，是百家争鸣。在教育过程中，让学生享受宽松，言之欲言，语之想语，言语之间，淋漓得当地使个性张扬。"九州生气恃风雷，万马齐喑究可哀"，没有群言堂，必然只能有一言堂，冰冻了学生的情感，禁锢了学生的思想，想让他们走向远方，基本就是个浪漫的梦想。磨道里的驴子永远只能在走不出去的常规怪圈儿里彷徨。

民主，是众人划桨。单丝不成线，独木不成林，培养无数鲜活的个体，就是为社会进步和发展积蓄力量。众人拾柴火焰高，无论何时何地，群众才有无敌的力量。有了民主，才会有心情的舒畅，当热情被激发，潜能被唤醒，思维被激活，学生的生命里一定会有阳光。

民主的意识，民主的思想，必然会让繁荣与和谐在岁月中增长。

二、集中，胜利的保障

集中是形成集体的必要条件。无数的沙砾，如果缺少凝聚，就只是一盘散沙。集中，就像建筑中的水泥，有了它，无数的散沙就会变得无比坚硬和刚强。

集中，是一夫当关。我们在讲求自由的时候，难免助长自由主义，在这种情况下，需要班主任及其他老师严把原则关，原则与纪律是班级建设的底线，如果守不住这条底线，那么班将不成班。

集中，是振臂一呼。雁阵，需要头雁；羊群，需要头羊；群龙，需要龙首。班级管理有时需要的就是振臂一呼，有了这登高的一呼，然后才会有八方的云集和上下的呼应。一个先进、优秀的群体，必然需要杰出的领袖，这领袖就是前进的方向、集体的意志、发展的向征。到了紧要关头，领袖就该审时度势、力排众议、振臂一呼，这一呼，要呼出正义，呼出群情，呼出合理与前途。

集中，是说一不二。在一个集体中，倡导什么，弘扬什么，反对什么，避免什么，批判什么，应该有一个准则。为了集体的进步和发展，有时必须做到说一不二。不这样，遇到事情七嘴八舌、议而不决，就会成为乱粥一锅。

集中，避免涣散，体现核心，产生合力。

三、比较

在班级建设中，民主就是大家都可以平等地参与班级事务，让大家都有参与的积极性和诉求，这样有利于提升班级凝聚力；集中就是执行校纪校规或者完成一些必须完成的任务，抑或班级中对某一问题意见不统一时以主流作决定和执行，只有这样才能使班级具有执行力。民主让每一个同学承担一定的责任和权利，既当管理者，又当被管理者，在民主前提下，执行的集中是集中多数人的意见，采取少数服从多数的原则，通过这样的方式，让多数人信服，让班级决策更统一。因此，民主集中有利于抓主流，推动班风校风建设。

班级同学身上，扩大每班成员的话语权，让每个同学都有说话的机会，这样他们才会有存在感，才会感觉自我存在。换句话说，有说话机会让同学感到有存在价值，责任心和荣誉感来自于受尊重。我们倡导让学生自己管理班级，让学生做班级的管理者和建设者。我的班级充分发扬民主，但是还不完善，没有做到集中，今天这节班会就初步尝试用民主集中制指导班级管理。由于要迎接联合卫生大检查，虽说距离上次检查只有半个月，但是上次联合卫生大检查以后大家保持得不好，没有严格按要求规范自己的行为，卫生状况又走了下坡路，再次迎检只好进行大扫除。针对这一问题，今天的班会展开"如何保持我们的卫生成果"的大讨论。具体过程是先针对问题分组讨论方法和有效措施，组长负责记录，每组至少形成一条有效建议，经过15分钟的讨论，将各组形成的有效建议列于黑板，然后逐条举手表决，过三分之二同意的，就成为班规班约，全班同学都要按照这些规定做。同学们非常乐意接受这样的方式，讨论的结果是提出的建议有20条，最后表决形成决议的有10条。20条建议中有一条为加强环保意识和环保宣传，没有通过，但我感觉这个建议很好，遂将同意该建议的14名同学组织起来，形成课外兴趣小组。由最初提出建议之人任组长，固定时间组织活动，这是本次班会的意外收获。实践证明，这种机制在同学群中得到高度认可，认为这样更能体现"从群众中来，到群众中去"的优良传统，也有力证实民主集中制有利于增强同学责任意识和荣誉感。

在班级管理中，集中是收，民主是放。得体的收放，就是管理的成功。让学生在规矩中学会自由，在自由中学会规矩，切实做到民主之上有集中，集中之上有民主，此乃教育之大善也。

第三节 全面发展的原则

现代教育论认为，人的发展在本质上是一种通过实践不断自我建构的过程。这即是说，作为教育对象的学生，是为了满足自己身心发展的需要而上学求教的。他们只有找到自己在教育活动中的准确位置，接受教师对他们施加的各种积极影响，才能实现自己的愿望。而在学校教育的"基层"组织——班级管理工作中，班主任作为直接组织者、领导者和教育者，其作用在于按照社会实际需要以及学生身心发展规律，用自己的知识、技能和思想品德方面的言行去诱导、影响学生，不断满足他们成长过程中复杂的、多维的、客观的身心素质发展的需要。

一、了解、宽容和信任学生，满足他们被尊重的需要

人最根本的内在驱动力是其所追求的自我价值，这需要一个良好的受尊重和受重视的成长环境和相关的发展主体性的教育条件。对于学生，如果缺乏被尊重的情感体验，就无法形成健康积极的人生价值观，而学校教育也就培养不出优秀人才。俄国教育家乌申斯基指出："如果教育者要从多方面来培养人，那么他首先应该从多方面来了解学生。"班主任要深入了解学生，可采取观察分析、资料分析、个别谈话、调查等方式，如制定《学生情况调查表》，自设调查项目，内容可包括学生的过去和现在，学生成长的家庭生活环境和经常接触的人或事，学生的

优缺点和特长爱好，甚至他们的苦恼和忧愁。只有全面了解学生的心理活动，才能打开学生心灵的大门，找到适合他们个性特点的教育途径与方法，有的放矢地实施教育过程并取得预期的教育效果。

有人说，孩子需要宽容和信任，如同植物需要阳光一样。在现代教育教学中，宽容已作为心理教育的基本方法，日益受到教育者的重视。随着改革开放的逐步深入，市场经济的不断发展和社会文化活动的进一步繁荣，当代中学生的知识、视野更得以拓宽，他们的批判和参与意识比较强烈，对社会现象、班级工作和任课教师敢于发表一些主张或看法。对此，班主任要给予充分重视和理解，能够及时采纳的建议应及时采纳；暂时不能实行的，必须向学生解释清楚；就算是错误的意见，也允许学生把话说完，并引导学生知错、析错、改错。尤其是教育品德不良学生时，班主任更应循循善诱，以关心、理解、宽容的教育态度去对待他们的缺点和错误，保护并激发这部分学生潜在的自尊心。要给予他们更充裕的时间和空间，给予他们更深层次的期待与信任，注意发现他们身上的"闪光点"，及时加以肯定和表扬，激励他们转化上进的信心。尊重学生就是要"让每一个学生都抬起头来走路"，这是教育的原则，也是教育的目的。因此，在教育过程中，要以尊重学生的人格和感情为基础，切勿任意践踏学生的心灵。苏联著名教育家苏霍姆林斯基指出："在影响学生的内心世界时不应挫伤他们心灵中最敏感的一个角落——人的自尊心。"比如，与家长取得联系本是班主任工作中的一项重要内容，但"请家长"时必须认真考虑学生情感发展的需要，不能凭自己单方面的意愿盲目地搬家长；即使请了家长到校，也要抱着共同教育学生的目的，以平等、诚恳、协商的态度与家长交换意见，勿以告状取代共同商讨，更不要在家长面前以盛气凌人的姿态训斥学生。这样，既维护了学生的自尊心，又能达到家庭与学校共同承担教育的目的。

二、建立民主平等的师生关系，满足学生责任心不断增强的需要

奥地利著名教育学家布贝尔说过："具有教育效果的不是教育的意图，而是师生间的相互接触。"因此，良好的师生关系是保证教育过程顺利进行的前提条件。在教育过程中，学生不是被动的受教育者，而是教育过程的积极参与者。随着年

龄的增长以及知识水平的不断提高，他们渴望有机会了解与成长相伴而来的责任。比如，在针对学生某些不良行为制定防范措施时，班主任应允许学生有发言权，和学生共同商定这些措施。这实际上给了学生自我选择的机会和权利，体现了他们的自主意识和主人翁责任感，也就使学生逐渐地学会对自己负责，并勇于承担责任。又如，班内板报的设计、学校运动会的组织、社会活动的安排等，都应该放手让学生自己去做，给学生充分展示自己能力的空间。这样，一方面，有了学生的积极参与，教育影响才能内化为学生自身的思想道德、知识信念，并不断得到强化，最终就会作为一种精神品质植入学生的内心世界，成为他们参与学校生活和未来社会生活的一种准则。另一方面，学生的这种转化反过来又有助于教师进一步发扬教育民主，培养与学生的和睦感和共鸣感，从而真正把学生看作是自己的合作者。学生需要多方面的机会去培养兴趣和发展潜能，班主任应像播撒种子的农夫一样，尽量提供肥沃均衡的土壤，让学生在可预见的、独立安全的环境中勇敢地去尝试成功或失败的经验。当然，班主任在建设良好师生关系的过程中，应充分发挥自己的主导地位，并注重学生身心发展的需要，使学生在民主作风下自觉地培养自治自律精神，不断地增强责任感，进而促进其自身的全面成长。

三、建立和睦相处的同学关系，满足学生正常人际交往的需要

与人和睦相处是处理人际关系的一条重要原则。诺贝尔奖获得者温伯格曾经说过："你想成为什么样的人，多少取决于你与谁一起上学。"学生之间的接触在时间上最频繁，在空间上最接近，因此，班主任应积极地引导学生之间的交往，充分开发学生的交往资源，努力营造和谐良好的班级道德氛围，以满足学生具有社会性发展的基本的人际交往需要。在这个过程中，要让学生懂得现实社会中人与人之间是一种相互欣赏、相互重视、相互关怀的关系，使他们形成对人际关系的正确认识和信念。随着时间的推移和空间的扩大，学生之间培养起真诚友好的同窗之情与健康的人格，就会从感情上把爱的范围不断扩大，愿意把自己的爱心奉献给更多的人，这无疑为他们以后走出校门处理复杂的人际关系奠定了坚实的基础。学生适应未来社会所必备的另一种个性品质是竞争意识。在学习生活中竞争是不可避免的，它对学生的成长非常重要。这就要求班主任正确地引导学生之

间的竞争。要使学生认识到现代社会要完成一项重大任务，不是哪一个人、哪一个方面的力量所能及的，而是需要一批人、各个方面齐心协力，精诚合作才能完成。因此，只有建立宽松、和睦的班级人际关系，培养学生积极乐观的人际交往态度，才能引进合理的竞争，并在竞争中架起友谊的桥梁，促进班级成员间的互助互爱。

四、严格、耐心地教育学生，满足他们认知发展的需要

学生在认知道路上能否取得进步和提高，很大程度上取决于班主任之严与爱的有机结合。在班集体中，学生来自不同的家庭，具有各自不同的个性特征、行为习惯，但有一点是共同的，这就是他们都渴望得到师爱的浇灌与扶持。不过这种师爱并不等于母爱，而要与严格要求融为一体。因为我们的教育就是通过外在的科学、合理、严格的要求来体现，并逐渐内化为学生的认知需要和实际行动。古人说："凡学之道，严师为难。师严然后道尊，道尊然后民知敬学。"（《礼记·学记》）因此，为了达到教育的目的，班主任要认识到一点，那就是无论平时多么平易近人，仍要坚持严格管教的原则，此所谓"严慈相济""爱而不纵"。只有这样，才能真正地不断满足学生求知学习等方面的客观需要。

学生的成长过程都不可能是直线上升的，积极因素与消极因素必有一个矛盾转化的阶段。特别是品德行为不良的学生，在改正错误的过程中出现反复是一种正常现象。这时，班主任不应感到灰心丧气或主动放弃教育，而是应该耐心细致地帮助他们，让他们时时感到师爱的存在，并坚持循序渐进的原则，有针对性地引导他们朝着自身认知发展的正确方向前进，实现其人生价值追求。

班集体教育工作渗透着班主任的汗水和爱心，蕴藏着学生的成长和希望。班主任在与学生情感交融的过程中，要做到把慈爱、严格和耐心有机地统一起来，使学生乐于接受教育，从而满足他们成长道路上的各种需要。这样，教育工作才能真正成为人类社会中一种充满愉快情绪体验的劳动艺术。

第四节 动态发展的原则

班级是学校教育教学的基本单位。班级管理如何，直接关系到学校教育教学质量的提高，教育教学目标的实现，学生思想、道德等各种素质的养成。班级作为一个群体，具有群体的一般特征即遵守共同的行为规范，在感情上互相依赖，在思想上互相影响，而且有着共同的奋斗目标。但班级又是一个特殊的群体，在这个群体中的每一个成员——是处在成长过程中的人，且每个学生个性差异很大。根据这一特点，我们在班级管理上进行了大胆探索，实行动态管理，有效地克服了以往班级管理的弊端，取得了良好成效。

一、班级动态管理的含义

动态，即变化发展的状态。班级动态管理就是在制定统一的目标和一定的考核标准的前提下，根据班级每月的工作目标、任务的完成情况，进行定性、定量考核，做出现时评价，并与效益挂钩的一种班级管理制度。在这一班级动态管理制度中，制定统一的目标和考核标准，体现了班级管理的目标指向性和可操作性；班级工作内容除常规工作外随学校中心工作的需要而变化，每月都有新的调整，体现了班级工作的持续性和管理上的动态性，根据每月的工作目标、任务及完成情况进行定性定量的考核，现时评价，体现了管理的时效性；改变过去的年终一次性考核为每月考核一次，体现了班级管理考核的过程性；年终根据各班每月绩效进行综合评价体现了管理的综合性、系统性。总之，实行这一管理制度，体现了班级管理工作的客观规律和人的动态成长规律，调动了班主任及班级每一学生的工作、学习积极性，克服人为因素的影响，为提高学生思想、道德等各种素质的养成，实现学校教育教学的总目标，开创了一条新路。

二、班级动态管理的理论思考

1.实施班级动态管理，充分运用了激励的原则

班级动态管理从根本上说是一种动态激励管理。激励即激发鼓励之意，它指的是激发人的动机，诱导人的行为，使其发挥内在潜力，为实现所追求目标而努力的过程，也就是人们所说的调动和发挥人的积极性的过程。心理学研究表明，人的动机是由他所体验的某种未满足的需要或未达到的目标所引起的，而人的需要和目标又是多方面的，一个人的行为动机总是由其全部需要中的优势需要引发的，并朝着这种优势需要的目标努力的。这种努力的结果，又作为新的刺激反馈回来，调整人的需要结构，指导人的下一个新的行为，这就是所谓的激励过程，也称动机——行为过程。班级动态管理，就是从需要出发，不断引发动机、动机指导人的行为，行为促使目标实现，目标实现又引发了新的需要和动机的不断循环反复，从而把班级管理推向纵深发展，实现班级管理目标。在班级动态管理中，一是改变了过去一个年级一年只评一个先进班级的传统做法，而现在每个班级只要完成任务，并达到一定的标准，都可以成为先进班级，为每个班创造了存在预期目标的可能性，激发了班主任及班级的每个成员的积极性。二是由过去的年终终端考核改为现在的每月过程考核，即每月考核评选一次，可不断地引发需要→动机→行为→目标之间的不断循环，每个月做了工作之后，能及时得到评价，时效性明显增强，推动班级管理任务的完成。

2.实施班级动态管理，强化了目标管理原则

人的行为的重要特点就是其目的性，人的行为总是有目的的，都是朝着一定的目标努力的。目标是引发行为的最直接动机，设置合适的目标会使人产生达到该目标的成就需要，因而对人有强烈的激励作用。班级动态管理中，每个月初召开会议，布置工作，提出要求，确定目标，分步实施，分步考核，分步达标，现时评价，使每个班级每个人都有达标的机会，每个班级每个月都有达标的可能，调动了积极性，促进了学校总目标的实现。在实施班级动态管理中，一是设置目标科学可行，根据客观条件设置通过努力能够达到较高水平的目标。二是形成目标体系，根据学校的管理目标，各班都制定每月的班级目标，使学校总目标层层

分解，落实到各班级及其成员身上。三是制订必要措施，使各班级及每一成员为达到个人执行目标、班级目标及学校目标而自觉努力工作。四是在目标实施过程中，及时反馈调节，建立可调控体系，同时对实施目标过程中遇到的困难、问题及时予以帮助解决。五是做好目标的终结考核工作，为下一个阶段的更高目标的实现奠定良好基础。

3.实施班级动态管理，运用了系统理论，强调自主管理，增强主人翁意识

系统理论要求根据客观事物的系统特征，从事物的整体出发，从整体与部分、整体与结构、整体与外部环境的相关中，综合地、精确地考察对象，从而在运动与变化中及时地、正确地解决问题。实施班级动态管理就是根据系统论要求，从学校整体出发，根据学校、班级、学生的系统特征，正确处理好班级及学生与学校管理的关系。强调自主管理、增强主人翁意识，为班级每一成员提供参与管理的机会，培养其自主管理或执行各自任务的责任感，提高其工作的主动性和创造性，从而为增强整个学校的活力，提供可靠的保证。如实施班级动态管理后，实行值周班制度，就是为值周班学生在学校的一切集体活动中，如早操、课间操、眼保健操；早晚自修；午睡、晚寝；学校集队、学校卫生等方面的管理中，充分发挥作用，真正实行自主管理，增强了主人翁意识，从而增强了整个学校的活力，使班级管理上了一个新台阶。

当然，班级动态管理在理论上还有待于进一步探讨，在实践上还有待于进一步完善。我们殷切期望各位领导、专家提出宝贵意见，让班级动态管理之花，永远在校园盛开，焕发出它的生机和活力。

第五章　班主任管理工作中的艺术彰显

第一节 班主任工作方法中的艺术

一、实践锻炼的方式

实践锻炼是指使学生按照一定的目的在日常学习、劳动、活动和平日生活当中增长才干，履行道德规范，形成良好品德的方法。实践是认识的基础，也是人的思想品德形成和发展的源泉，实践还是检验人的思想品德的标准，因此通过实践使学生不断地提高道德修养和养成行为规范，又是一项重要的教育方法。

实践锻炼首先有模仿的意义。学生生活在人的群体中，时常对他人进行模仿，这种"模仿"应该是孩子成长的"原始积累"。所谓受外界影响，开始时大多是从这种模仿中获得。在社会中或在集体中生活的人多数有从众心理，"从众"从某种意义上说就是一种模仿，所以有时班级集体的风气，能够起到教育人和改造人的作用，其原因就有这个成分。

实践锻炼也有对品德表现及其他表现的强化的意义。由于实践锻炼多半有重复的可能，所以在行为的重复中能使"行为"成为习惯，以至形成较为稳定的表现。实践锻炼能否起到"强化"的作用，在于班主任老师有没有教育的目标意识和安排。实践锻炼是一种教育手段，是为教育的目标服务的，反过来教育目标愈明确，这种"服务"的针对性就愈强。按着一定的目标，班主任老师要把实践锻炼的强化作用发挥得好，就必须有计划有意识地把学生不断地引入实践锻炼之中。偶尔地让学生实践一次，收不到很强的教育效果。往往是在活动的开展中，使同样行为在不同的状况下反复得到"表现"，或是说使学生反复地实践锻炼，这才能起到强化的作用。

实践锻炼还有扩展某种品德表现的意义。因为虽然是为着某一目的去让学生实践锻炼的，但实践锻炼却都不是"单一"的活动，任何实践锻炼都会是学生"整体表现"的反映。比如学生要进行开展社会公益活动的实践锻炼，同时就要有社会公德的表现，文明礼貌的表现，这些"表现"在同一活动中都能互相促进。这就会由某一种实践锻炼，扩展出其他的道德表现。多方面开展实践锻炼能够促进学生整体素质的提高，其原因就在这里。

实践锻炼的内容很多涉及学校活动的方方面面，班主任要广泛的加以利用，使学生有更多的实践锻炼机会。从实践活动内容来分有政治活动、公益活动、纪念活动、社会调查活动、保护环境活动、外事活动、劳动活动及保健卫生活动，等等；从实践锻炼活动的地域划分有学校内活动、家庭活动及校外活动，等等；从实践锻炼活动的性质从实践锻炼活动的性质来分有日常实践活动、竞赛活动、集体活动和个人活动，等等。

如何使学生在活动中受到实践锻炼，一般要抓住以下几个方面。

（一）组织多种学生活动

唯有组织活动学生才能有实践锻炼的良好机会，学生的道德行为的养成、学习习惯的养成及体育锻炼习惯的养成都是在活动中通过实践锻炼得到的。在活动中学生有广泛的、多方面的实践锻炼机会，这可以促进他们把认识化为行为表现，并进一步成为自身的较为稳定的品质。班级组织的活动和日常活动都有明确的规范要求，恪守这些规范就是品德修养、良好学习习惯和体育卫生习惯的形成过程。班级的各种活动都是在集体制约下开展的，这就有益于实践锻炼和集体主义精神的培养，也有益于良好意志的形成。有些活动不仅使学生在实践锻炼中受到思想政治教育、道德教育，而且也能够弥补课堂教学的不足，使学生开阔眼界增长知识，并了解社会或熟悉国情民情，这对于他们成为适合社会需要的人，有深远的意义和作用。

组织多种多样的活动，要扣紧目标、提高认识、严格要求，发挥学生的主体性。扣紧目标是指班主任老师组织学生参加的实践锻炼活动，要有明确的目的性，要与对学生的整体教育目标结合起来、协调起来。就是说班主任组织的任何活动都要有主题，这些活动的主题又都扣紧学生培养目标的大主题。离开主题活动尽管花样翻新，但意义不大。扣紧目标还要和一个时期的社会背景及学生的思想热点联系起来，离开这两点，尽管班主任确立的教育主题再重大，也不会为学生所十分关注。

组织多种多样活动，还要和提高学生的认识结合起来，每次学生参加实践锻炼活动或进行日常行为训练都离不开学生"认识"的程度。班主任老师在组织学生和要求学生参加实践时，都要对学生进行提高认识的教育，要向学生讲明目的和意义，使学生知道为什么要做，并要强化目的意识。在组织学生参加实践锻炼和要求学生参加实践锻炼时，要提出严格的实践要求，也要提出注意事项，并预先告诉学生可能在实践锻炼中出现的问题及防止、应对的方法。没有严格的要求，学生在实践活动中就会变得松松垮垮，甚至嬉笑打闹，那样的实践其结果就可想而知了。组织多种多样活动，是要学生受到教育和培养，任何实践锻炼的活动，都必须积极发挥学生的主体性，调动他们的积极性，并同时增强他们的主动性。

（二）组织学生进行纪律和自我控制能力的训练

学生参加任何实践锻炼活动，都要有严格的组织纪律性，组织纪律要求是学生参加实践锻炼活动不可缺少的方面。遵守纪律本身就是实践锻炼的内容，学生遵守纪律是通过实践锻炼培养的，实践锻炼中的组织纪律性要求愈经常、愈具体，学生组织纪律的观念和行为就愈强。所以班主任老师要通过各种活动使学生养成良好的组织纪律的观念和行为，并逐步使其成为学生的自觉性。学生的组织纪律性一般都是由被动强制到逐步自觉，这是一个过程，这个过程的长短就在于班主任老师是不是在实践活动中和日常生活中坚持一贯地严格要求。同时纪律性的强弱，在一个集体中有很大的扩散性，集体散乱纪律必定差，就是那些比较守纪律的学生也会慢慢地被影响坏；反之，纪律严明组织性很强的班集体，会使不大守纪律的学生也慢慢受到良好影响，并逐渐遵守纪律。

实践锻炼大多是学生的集体活动，所以没有严格的纪律保证是没法进行实践锻炼的，从这个意义上说抓好纪律又是搞好实践锻炼的必要条件。学生参加实践锻炼，特别是学生在实践锻炼中发挥主动性和积极性，并投入满腔热情时，班主任老师始终要把握学生的纪律性表现，不使他们随意，不使他们在纪律上有任何松弛行为。一旦发现有纪律松弛的现象，班主任老师要严格要求，立即纠正。

（三）给予学生实践的机会

如何使学生在班级集体中有更多实践锻炼的可能，这是班主任必须认真对待的问题。有些班主任老师喜欢发挥骨干学生或特长学生的作用，往往给予他们更多的实践锻炼的任务和机会，而对其他学生则不大注意提供实践锻炼的机会，他们也得不到班主任委托的任务。有的班主任老师已开始注意这个问题，他们也在设法给更多的学生提供实践锻炼的机会和任务，比如让学生轮流当班长，轮流值周，班级干部轮换制等。这种尝试未尝不可，但这种做法只着重让学生进行管理的实践锻炼，而且轮换时间长，实践锻炼时间短，加之每个学生的特点不一样，不一定都要进行"管理"他人的培养，也不是每个人都能够担负"领导"工作，所以这种方法值得推敲。班主任老师要使更多的学生在日常生活中进行实践锻炼，可选择更多的方式，比如在班级内多开展一些活动项目，根据个人特长发挥每个学生的作用，或者让学生承担力所能及又容易发挥的工作，这样各得其所，各施所长，实践锻炼效果会更佳。

班主任还要从多角度、多方面给学生提供实践锻炼的机会，较高的要求是，在较集中的教育之中或之后，都要设法使学生有实践锻炼的机会，要么是增强自身感受，要么是接触实际，要么是进行强化，要么是施展才华。总之，要学生在实践中提高认识，并得到锻炼，以达到教育目的。

（四）在实践中对学生进行意志品质的培养

实践锻炼能否取得成效，学生的意志表现很重要，能在实践锻炼中养成学生良好的、自觉的持续性行为，必须进行意志的培养。意志的培养首先要有认识和情感做基础，班主任要设法使学生产生行为的愿望和需要，以此来促进他们的行为的持续，并能克服困难，战胜自己，形成自觉的较为稳定的行为表现。其次要树立意志行为的榜样，树立能模仿和有激励意义的样板，这样就能使学生产生推力，使其持续某种行为。再次是进行有意识地磨炼意志的培养，创设一些能够锻炼意志的情境，使学生不断受"磨"以形成坚强的意志。实践锻炼中进行意志培养对学生的成长极为重要，而这种培养能否成功也是班主任老师意志的体现。有的班主任老师有开展活动的热情，也有很好的思路，但缺乏的是坚持，他们往往有布置无检查，有要求无落实措施，有积极性但无持续性，这样学生不仅在实践锻炼中不能持续某种行为，而且也会使学生的意志品质受到影响，他们也会虎头蛇尾，有头无尾。所以，班主任老师凡开展活动，一定要有要求、有督促、有检查、有总结，做到一抓到底。

实践锻炼既然是培养学生意志的过程，就要有明确的要求以及方法上的指导，使学生不仅知道为什么要那样做而且知道具体怎样做。这是能否产生持续性行为的第一步。这其中方法的得当不仅能使实践锻炼取得预期的效果，而且能调动学生持续的积极性，使他们更充满信心，愿意克服困难，并形成自觉的行为。班主任老师在学生实践锻炼中还要给予不断的鼓励和肯定性的评价，使学生处于积极的情感体验状态，这对他们形成意志品质也是重要的。在实践锻炼中，班主任给予学生的指导应是多方面的，这样才能保证实践锻炼的持续。这种指导包括行为的方式、行为的语言、行为的机智、行为的礼仪以及困难的对策等。这样在实践锻炼中能使学生得到提高，受到锻炼，感受到乐趣，从而也能增强他们的意志力。

（五）实践锻炼活动的社会化

这里说的实践锻炼的社会化是针对实践锻炼的内容、场所以及增强学生的社会意识而言。实践锻炼的根本目的是通过这种方式来教育培养学生使其能更好地适应社会。实践锻炼要引导学生的行为符合道德规范，并增强适应社会的能力。履行道德规范是人的社会化的重要方面。在实践锻炼中引导学生提高道德认识，增强道德意志、道德信念，培养道德感情，丰富道德实践经验，最终是要形成良好的道德行为习惯，从而去履行道德规范。这个过程实际上是学生进入社会的准备过程，奠基过程，积累过程，因此实践锻炼的内容要体现适应社会的要求，要强化学生的社会责任感，培养学生的社会意识。同时，实践锻炼多半是在集体中进行的，这期间班主任老师要利用集体的制约力量和相互影响的力量，使学生的行为不仅符合集体的要求，并且使他们感受到集体的意义，从而培养学生的集体主义精神。班主任老师要充分认识到实践锻炼的这一意义，在教育活动中要突出思想性，避免在实践锻炼中就事论事，把实践锻炼弄成单纯的从事某种活动，或把实践锻炼局限在学校生活范围内，或使实践锻炼随意化，这就降低了实践锻炼的深刻的社会意义了。

二、引导自我教育的方式

引导自我教育是指按着一定的道德要求引导学生自觉学习，自我省察，自我行为调节，从而形成一定社会所要求的思想品德的教育方法。道德教育对学来说是形成某种思想品德的外因，是外部作用条件；自我教育是思想品德形成的内因，是内部的驱动条件，二者是统一的。品德教育的外因是不可缺少的，学生从中获得道德认识，情感激励；但外部作用条件必须通过学生的"选择"才能成为作用条件，因此二者又是互为存在、缺一不可的。思想品德教育的全过程，都要力求外部作用条件和学生的主观性的统一，这种"统一"的程度越高，教育效果会越好，学生的品德形成也就越完善。学生品德形成的过程又是一个自我教育作用积极发挥的过程，学生在自我教育中更能积极主动地接受教育，促进其品德的发展。

引导学生自我教育，班主任首先要正确处理与学生的关系，正确认识发挥学生主体作用的意义，明确教师的主导作用如何去体现。班主任与学生是平等的关系，是教育者与受教育者双向作用的关系。班主任教育学生要有学生的主动积极配合才能"完成"。所以只强调"教"的作用，忽视"学"的作用是不能够取得教育效果的。这还意味着班主任与学生又是情感关系，任何教育的成功都体现了学生情感上的反映，班主任对学生的情感能得到学生的回应，这种情感越深，教育的成功率越高。在这种师生的"双边"关系中教师的主导作用主要体现在教师的教育目的、教育计划、教育内容和方法上，也体现在教师如何调动学生的积极主动性上。这二者都是教育活动中不可忽视的，后者尤其重要，因为只有计划、目的、内容和方法，没有学生的主动性和积极性，这些教育中"外在"的东西就无法使学生"内化"，就谈不上教育效果。

班主任艺术的一个重要方面是如何调动学生的积极性和主动性，优秀的班主任老师总是会使学生处于积极主动进取的状态，总是千方百计地去调动学生的主动性，充分发挥他们的主体能动作用。班主任老师调动学生的主动性与积极性，其实就是促进学生自我教育的动力基础。所以班主任老师总是要研究学生，并总在思考如何去调动学生的主动性、积极性，如何使学生能够发挥自我教育的作用。正确处理与学生的关系，班主任特别要在方法上下功夫，方法不当也达不到引导学生自我教育的目的。

引导学生自我教育，应体现在学生思想深处的驱动，是深层次的教育，这种教育的不断进行和不断深入就能使学生达到自察、自省、自策、自励的境界，是他们逐步成熟的表现。班主任老师在引导学生自我教育时，要想使他们达到这种境界，必须时时鼓励学生，使学生永远感到"我也行"，使他们有主人翁责任感，使他们有强烈的自我要求。即使是年纪很小的学生，班主任也要特别注意这点，任何简单粗暴，甚至在某些小事情上表现出对学生的轻视和不尊重，都会留下很深的印痕。

三、品德评价的方式

在班主任工作中随时都有对学生的行为表现予以褒贬或肯定鼓励或否定批评的机会，因此对学生的品德评价是班主任的又一重要工作方法。所谓道德评价是依据一定道德标准进行的，通过评价明确地表示出评价者对道德标准的理解和对被评价者提出应当怎样和不应当怎样的要求。评价是依据一定的道德标准进行的，失去标准或对标准把握不当，就会造成要求上的混乱。反过来人们（尤其是学生）也从评价的本身认识或加深认识道德标准，增强道德意识。所以对学生来说，道德评价不仅是对他们的行为表现的褒贬，也是提高道德认识、强化道德意识的手段。

品德评价是依据一定的道德标准进行的，对这种"标准"的理解、把握，决定了学生的品德修养方向。同时又因为对这种"标准"的认识深度决定着学生品德表现的"程度"，所以品德评价的应用对学生起着认识作用和导向作用。品德评价的认识意义又是在学生平日的表现中逐步深入实现的，他们是通过受到的具体评价而逐渐积累和强化了"应当怎样"和"不应当怎样"的认识，这对学生道德观念的深入形成，对他们的行为规范，对他们能恪守社会公德，都是极为必需和必要的。

品德评价是在对学生的行为表现进行褒贬中表现教师的态度的。由于教师在学生心目中的权威性，又因为学生在受教育过程中所形成的对道德标准的认识的严肃性，所以品德评价又被学生当作教师的"要求"，因此就有督促和约束作用。

从另一个角度来说，学生又都希望得到教师，尤其是班主任老师鼓励性的评价，他们愿意改变不受教师肯定的行为，这也会形成一定的约束力，使学生逐渐地养成规范的行为。由于教师的评价，学生所产生的行为调节是多方面的，往往随着教师肯定了某人的行为或某种行为，其他学生会立即进行行为调节，也去表现出教师所肯定的那种行为。

学生的品德表现，由于其作用因素是多方面的，又由于其表现形式是多种多样的，这就需要老师通过品德评价对学生的表现予以鉴别和诊断，使他们知道哪些表现符合于道德规范，哪些表现不符合道德规范。这种通过品德评价对学生行为表现的鉴别和诊断，会使学生明白自己的表现哪些应该发扬，哪些应该改掉，从而调节自己的行为，使之更合于道德规范。通过道德评价所给予学生表现上的诊断，对家长也有重要意义。每位家长都希望孩子表现得好，都希望孩子的行为符合道德标准，可家长无法直接了解和观察孩子在学校的表现，所以教师的道德评价是对家长提供的学生在校表现的较全面的信息。因此，家长可以得知孩子在学校的品德面貌，从而使家庭教育更能与学校形成有力的配合。

道德评价对班主任自己的工作和其他教师也有重要意义，通过评价能使教师更全面客观地了解学生。班主任老师在一定的时候要对学生进行评价，这样既能反馈自己的教育成果，又能增强对学生的了解；既能增强教育工作的针对性，又能调节自己的教育对策和措施。同时这种诊断性的评价传递给学生，又引发学生的自我评价，这对学生进行自我教育又是有益的。

品德评价是教师对学生的评价，但这种评价却有"相互性"。教师对学生的评价要依据一定的客观标准，同时又要体现教师的主观态度，二者总是结合出现的。这种客观标准和主观态度要引发被评价者的相同体验，评价才能奏效。这是一种相互作用、相互转化的过程，教师的评价会对学生产生影响和作用，学生也会对教师的评价做出相应的反应，比如产生积极的态度或消极的态度，表示赞成或表示反对。只有这种反应呈积极状态评价才会产生积极的效果。所以恰当地、实事求是地评价学生，使他们乐于接受，才能达到教育的目的。学生在品德评价过程中的主体表现，常常被班主任老师所忽略，有些班主任老师总是强调评价的正确性，而忽视学生的可接受性，这不仅会使评价失去相应的意义，还可能会产生副作用，比如造成师生间的隔阂或对立。

四、奖励和惩罚的方式

奖励和惩罚是对学生教育的必要方式，奖励是班主任教学实践中的常用方式，而惩罚则是班主任工作的辅助方法。

奖励和惩罚是用于学生表现中的特殊行为。奖励是一种肯定性评价，但比起一般的"评价"，它有其特定性，有一定的实施程序。受奖励者的行为比起一般同学要有突出的表现，或比起一般同学有一贯良好的表现。受奖励者一般应该是少数人，并且得到多数人的赞赏和肯定。惩罚是一种否定性评价，受惩罚者是极少数人，他们的行为具有破坏性。惩罚一般是对错误行为的惩戒，是为维持集体正常秩序、鉴戒他人时不得不采用的方法。

奖励用于班主任的教学实践中，主要是对个人和集体的正确、良好的思想行为的肯定与表扬。这种肯定与表扬是通过一定的程序实施的，是按一定的事先制定好的章程，经过一定的程序予以确认，然后当众宣布的工作方式。奖励与一般的表扬有程度上的区别，因此受重视的程度自然更高一些。

奖励是对正确、良好行为的"更高"程度上的肯定，所以它首先有正面强化作用，它能使道德规范及其他突出的良好表现更为具体化，并且通过荣誉的形式，使被奖励者得到集体的赞许。大家从他们的行为上更进一步强化了对道德规范及其他教育要求的更深刻的认识。奖励的正面强化作用，在青少年学生中尤其有意义。因此班主任在把握奖励的尺度和标准上，就要注意符合"条件"，使大家心服口服。同时也要有群众基础，使大家出自内心地认定奖励的合理。假如被奖励者确实符合"条件"，而大家或有的人尚未认同或缺乏了解，这时候班主任一定要做细致的工作，使得每一次的奖励活动都能达到真正的教育作用。有的班主任老师在奖励学生时强调个人的意志，或是主观性较强，这会使受奖励者受到孤立，或是达不到教育的目的。

奖励的第二个作用是激发作用，处于青少年时期的学生，内心里都有一股积极向上的意识，他们都愿意你追我赶，因此被大家认同的奖励活动，就有一种激发作用，能鼓励大家向受奖励者看齐，或是能激起班级集体内的竞争热潮。因此，班主任老师在奖励学生时，决不能把它看作是对被奖励者的个人的肯定，而应该设法使每种奖励都能激起更多人奋发的效应。

第三，奖励有益于培养学生的荣誉感和上进心。奖励是一种正面的教育方式，它的精髓就是培养学生的荣誉感和上进心。学生有了这种意识，班主任的教育才能成为可能，失去荣誉感和上进心的学生，如不使其从这种心态下改变过来，是难以对他们进行教育的。

第二节　班主任在教育工作中的艺术

一、班主任对特殊家庭背景学生的教育

一个班级的学生来自于各个不同的家庭，而家庭背景对学生的影响是非常大的。班主任在教育学生时，不能忽略了家庭背景对学生的影响。

（一）班主任对经济优裕家庭学生的教育

改革开放后，中国出现了越来越多的经济优裕家庭。所谓经济优裕家庭，就是指经济条件好，物质生活富足的家庭。班级里来自于经济优裕家庭的学生也越来越多，这类学生具有他们的特殊性，班主任应抓住他们身心发展的特殊性，有针对性地对他们进行教育。

1.经济优裕家庭学生的总体特点

经济优裕家庭子女与一般家庭的学生相比，有这样一些优势：具有较强的自信心，对未来充满了希望；视野开阔，涉猎广泛；物质条件优裕，可以接受良好的教育等。但特别值得班主任注意的是，这些来自于经济优裕家庭的学生，身上也有一些不足之处，如果教育引导不当，就会影响他们的发展。这类学生的不足主要表现在以下几个方面：

（1）贪图享受，热衷高消费

有些经济优裕家庭的父母经历了诸多磨难和坎坷，受过缺少金钱的苦。而今

终于事业有成，家庭富足，就希望孩子过得比自己好，不想让孩子经历缺钱的尴尬，甚至对孩子的要求百依百顺。但他们更多的是对孩子进行物质上的满足而忽视和放松了对孩子思想行为上的教育和管理。有些经济优裕家庭的学生自恃家庭富有和物质环境优越，胸无大志，终日无所事事；有的陶醉在父母营造的安乐窝里，一味追求物质享受，不思进取；有的逞强斗狠，自认为"老子天下第一"，纪律观念、集体观念淡薄；有的流连于电子游戏机室、网吧、桌球城、高级购物广场等。经济优裕家庭对子女的消费观缺乏疏导和监督，是造成子女贪图享受、热衷于高消费的主要原因。

（2）刁蛮任性，自私骄横

有些经济优裕家庭对孩子百般依从，生怕孩子受苦、受累、受气，对孩子即使是不正当的要求和行为都过分迁就、忍让和满足，这样孩子就逐渐形成了养尊处优、高人一等的孤傲性格以及强烈的自我中心意识。以自己为中心，要求周围的人都要以自己的意志为转移，骄横霸道，一不如意就大发脾气，甚至打架、离家、离校出走等。

（3）怕苦怕累，自理能力差

经济优裕家庭子女往往受到过度地呵护与关爱，出入有私人小车接送，或自己打的；生活起居有保姆照顾，他们往往过着"衣来伸手，饭来张口"的日子，生活自理能力很差。有的学生还把"少爷""公主"作风也带到学校，在学校时也不愿意参加一些集体劳动，花钱请人代自己做劳动，有的甚至还花钱请人做作业。

（4）拜金主义较为严重

一些经济优裕家庭子弟受拜金主义思想影响，他们认为，有钱就有一切，不读书今后照样挣大钱。某中学一班主任在班会课上教育学生要珍惜时间勤奋读书，否则将来难以立足社会。一富家子弟却说："读这么多书有何用呢？像班主任您读完大学本科，一个月才拿1000多元工资，比不上我一个月的零花钱。"持这种观点的学生，往往在思想上不追求进步，在学习上吊儿郎当。其消极的人生观甚至对整个班集体都会产生不良影响。

2.经济优裕家庭学生的教育方法

虽然经济优裕家庭的学生身上有各种各样的毛病，让班主任非常头疼。但这些学生正处于心理发育和身体成长、思想品德形成的关键期，具有很大的可塑性。

班主任若能因势利导，引导得当则可以帮助他们形成正确的价值观和良好的品德行为习惯，促使他们健康成长。

（1）帮助学生建立正确的"金钱观"和"消费观"

根据一些经济优裕家庭学生认为的"金钱万能"和铺张浪费、过度超前消费等错误的思想和行为，班主任应帮助学生树立正确的"金钱观"和"消费观"。

（2）加强对学生的理想教育

对经济优裕家庭子女这一特殊群体开展一些有针对性的理想前途专题教育，如"不做纨绔子弟，要做有为青年""知识才是财富""技术是力量"等，帮助他们树立正确的人生观和价值观，引导学生正确对待物质财富和知识财富的关系，让学生明白在当今的信息社会，"有钱更要努力学习"，拥有知识才能为社会、为家庭多做贡献。鼓励富家子女用知识武装自己，实现自我增值，做一个真正的"财富"拥有者。

（3）加强对学生的法制教育

一些来自经济优裕家庭的子女，觉得有钱就可以为所欲为，出了事都可以用钱来解决。因此出现了打架斗殴、寻衅滋事、赌博、涉足不良场所以及与社会不良青年拉帮结派的现象。因此，班主任要进一步提高对班级学生进行法制教育重要性的认识，把它作为德育的一项重要内容，"示之不可为，晓之不能为"，增强他们的法制意识。法制教育要结合学生的特点，内容由浅及深，形式丰富多彩；在授课过程中，要根据内容，结合学生的实际，有的放矢地授课，对一些具有较大社会影响的案件，可以组织学生观摩公捕、公判活动；利用宣传栏、黑板报等开展法制宣传，努力增强学生的法律意识，使他们自觉地把自己的行为纳入法律法规允许的范围之内，懂得用法律的手段来维护自己的合法权益，以增强他们抵御违法犯罪的自觉性。

（4）加强家校联合，形成合力

班主任应加强与家长的沟通，统一思想认识。经济优裕家庭的父母由于文化水平、道德修养、教育水平等方面参差不齐，在对待孩子方面也有很多不一样的认识：有的家长认为自己小时候吃够了没钱的苦，现在有钱了当然不能让孩子再来吃苦；有的家长认为自己家里的钱就是几辈子都花不完，让孩子随便花花也无所谓；有的家长觉得自己没读多少书，还不是照样挣大钱，所以孩子读不读书无所谓；有的家长抱着金钱万能论的观点，认为没有钱办不到的事情，也把这样的观点告知孩子；有的家长认为自己事业上太忙了，没时间管孩子；有的家长对孩子期望太高，给孩子报无数的培训班，让孩子疲于奔命……

针对家长们的这些错误认识和做法，班主任要多和家长就孩子在校的表现进行及时有效的沟通，客观地反映孩子的情况，在反映孩子情况时，不能只限于学习，应兼顾纪律、劳动、体育锻炼、卫生、行为习惯等方面。让家长对孩子在学校的情况有较全面的认识，同时也体谅家长的难处，听取家长的意见，让家长认识到班主任和自己是同一战壕中的盟友，应该为孩子的成才而共同努力，而不是在孩子出了问题后互相推卸责任；班主任可以利用家访、家长会、家校联系簿、电话、邮件等多种方式向家长宣传正确的教育观念和教育方法，让家长学会理智地爱孩子，爱而有度，严而有格；让家长传递给孩子正确的金钱观、财富观、成才观；培养孩子的劳动习惯以及劳动技能，让孩子能自立自主，在成人后自强。

（二）班主任对贫困家庭学生的教育

作为世界上最大的发展中国家，中国还拥有数目不小的贫困人口。作为弱势群体的贫困家庭，其子女的教育问题仅次于温饱问题。班主任应密切关注班级里的贫困生，了解他们的具体情况，以便更有效地帮助他们。

1.贫困家庭学生的总体特点

特殊的家庭环境，使贫困生能受到一般同学所没有的磨炼。因此在他们身上也有许多优秀的品质，如自尊心强、学习自觉性高；自理自立能力较强，能吃苦耐劳，有较顽强的意志品质等。但作为班主任不能忽略的是，贫困的家庭环境，过早地承担家庭重担，也对一些贫困生造成了负面的影响，影响了他们的健康发展。

（1）抱有较强的自卑感

贫困家庭孩子的自尊心、自卑心都显得格外强。一些贫困生因为家庭经济的原因，心理负荷较重，经常处于紧张状态，往往比较敏感，最怕别人议论自己的不足，特别多心，生怕别人看不起自己，为了避免自己受到伤害，他们往往采取冷淡、回避的态度和行为。另外，家庭本身的贫困也让学生对一些需要额外开销的集体活动躲之唯恐不及。自卑与自我封闭使他们渐渐脱离了集体，切断了与外界的交流，给人以难以接近、不合群的感觉。长此下去，就会造成他们性格上的缺陷，孤独沮丧，对前途失去信心。

（2）焦虑、抑郁情绪较强

由于在经济上、情感上与家庭紧密相连，家中不时传来的困难或突然的变故，都会给他们带来情感上的冲击与焦虑。有些贫困生，虽然读书十分勤奋，但考试成绩却不很理想，他们会深感对不起家长和班主任老师，因此，显得非常焦虑和抑郁。

2.贫困家庭学生的教育方法

贫困生是班级里的一个弱势群体，班主任应对他们特别关注，对这一群体进行正确的思想引导和教育，使其重新回到阳光普照的行列中来。

（1）加强思想引导

加强对贫困生的思想引导，让他们认识到人生道路不可能是一帆风顺的，无论谁在人生的道路上都会遇到各种挫折。对贫困生来说，贫困只是诸多挫折的一种，所以应该让他们知道，人无法回避挫折，人正是在战胜挫折的过程中才变得更成熟、更有力量。贫困只是他们人生路上暂时的一个障碍，贫穷并不可耻，可耻的是自己甘于贫穷，不去努力改变贫穷。要帮助学生正确地认识人生的价值和意义，树立远大的人生目标和理想，走出金钱的小圈子，正确处理眼前困难与人生发展的关系，以乐观的态度去面对生活中的一切艰难困苦。

（2）完善自我意识

自尊心被认为是最强烈的一种内驱力，许多贫困生存在着既自尊又自卑的心理矛盾冲突。因此必须使其完善自我意识，用正确的自我认识，克服自卑心理，相信自己，敢于竞争，正确认识社会。既不以虚幻的自我来补偿内心的空虚，也不以消极的回避来漠视自己的现实，更不以怨恨、自责以至厌恶来否定自己。

（3）营造良好的人际交往环境

贫困生生活在班级这个大家庭中，他们的成才和发展离不开同学之间的关心和帮助。与亲属、朋友、同学交往能使人在心理上得到安全感，这对缓解贫困生心中的孤独感和压力苦闷颇有益处。因此培养一个和谐、互助互谅、团结向上的班集体，形成良好的人际交往氛围，对贫困生良好心理素质的养成是十分重要的。

（4）开展心理健康教育活动

贫困生由于家境问题，而形成了自卑、自我封闭、焦虑、抑郁等负面心理。班主任不能忽视这些负面心理，应加强对他们的心理健康教育，促进其健康成长。比如让学生正确了解自己，有正确的自我意识；自己产生消极情绪时，学会自我调适，及时疏导、宣泄不良情绪，转移注意力，消除焦虑，保持心理健康。对那些常有不良情绪反应的贫困生，班主任可引导他们采用"自我悦纳，自我解脱；多交朋友，多帮助别人；正确归因，善于宣泄"等方法来调整自己，还可用"面向未来、自我提升"的方式调节情绪。如想象自己在未来的良好处境，或对自己说："一个高尚品质的人不该有这种消极情绪"等。

（5）相对多的给予贫困生爱心帮助

针对贫困家庭学生家境贫寒这个实际情况，班主任应给予这些学生特别的爱心帮助。设法调动学校、社会等一切力量，给予他们实质性的帮助。如请学校减免这些贫困家庭学生的学费（高中阶段）和其他费用；还可以通过学校向社会、政府部门争取支持和帮助，如让一些企业或其他团体资助那些品行兼优的贫困生，也可以争取学生家庭所在社区的力量，对其家庭进行必要的帮助；学校可以专门建立扶贫助学基金，用来奖励家庭贫困但品学兼优的学生。班主任也可以组织班级甚至全校的同学向这些贫困生捐款捐物，奉献爱心。

（三）班主任对单亲家庭学生的教育方法

单亲家庭是指由父母的某一方与孩子组成的家庭。单亲家庭产生的主要原因是夫妻离异，也有少量是丧偶或其他原因造成的。据中国妇联最近的一次统计，中国67%的离婚家庭中有子女，目前全国已有上千万的单亲孩子，而且还在以每年五六十万的速度递增。作为班主任，必须了解这些单亲家庭孩子的特殊性，积极地探索单亲家庭学生的教育方法，帮助他们更好地适应变化了的环境，促进其更健康快乐地成长。

1.单亲家庭学生的总体特点

单亲家庭的学生，由于独特的生活环境，往往独立生活能力较强，忍辱负重、克服困难、艰苦奋斗的精神也比较强，这是逆境对人磨炼的结果。单亲家庭中成才的人很多，如古代的孟子、欧阳修、岳飞，现代的周杰伦、梁朝伟、李玟、萧亚轩等明星都是在单亲家庭中成长起来的。尽管如此，我们还是应该看到单亲家庭对孩子成长的不利影响。

（1）情感消极

在正常的家庭中，双亲都在身边，这会给孩子带来更高的安全感和情感满足。单亲家庭中父母缺少一方，现存的一方往往在精神上受到很大打击，情绪不太稳定，往往比较沉闷、孤独、烦躁。这种不正常的情绪也容易直接影响、感染孩子；更有一部分离异的夫妻，将孩子交给祖辈抚养，放弃了直接监护人教育管理孩子的责任。情感的缺失和教育功能的欠缺，容易让单亲家庭的孩子养成任性、自私、冷漠，忧郁、多疑的人格特征，缺乏热情和爱心，性格孤僻，自我中心，合作意识差，合作能力低。

（2）封闭、冷漠、憎恨心理的产生

有的子女对失去父亲或母亲十分痛苦，很长时间不能自拔，或是由于生活动荡及父（或母）亲的不负责任，心灵受到极大伤害，于是经常表现出闷闷不乐，容易悲伤，情绪低沉，甚至见到别的同学在父母面前非常快乐，自己心里就非常难受。他们害怕与人交往，对外界明显缺乏安全感和信任感，他们往往沉默寡言，自我封闭，我行我素，以"自我为中心"对待周围的人和事，漠不关心，他们不愿意参加学校、班级组织的集体活动，严重的还会导致与集体不合。有的孩子还对父母的离异充满憎恨，他们讨厌父母争吵，憎恨父母不顾他的成长和感情。憎恨不提供抚养费的父（或母）亲，或站在父母之中的一方，憎恨另一方。这种憎恨久而久之对心理发展产生不良作用，进而扩展到对学校和社会生活不感兴趣，对其他人，甚至对社会不满、冷淡。有的会从仇恨父母发展到仇恨社会，甚至发展为反社会的病态人格。

（3）多疑、嫉妒心理突出

单亲家庭学生多疑和嫉妒的心理特征比正常家庭的学生显得突出一些。表现为对许多事情非常敏感，总怀疑别人在议论自己，猜疑别人是不是在说自己的坏话，假如一个活动没有让他参加就会猜疑班主任是不是不信任自己了……在人际交往中处处提防别人，常将他人善意的行为曲解，对胜过自己的同学产生嫉妒、对立情绪。

（4）胆小孤僻

一些家庭在解体过程中或不停地大吵大闹，或长期冷战，家庭里充满了"火药味"，有的甚至把子女当成出气筒。这些孩子在家庭的紧张气氛中战战兢兢地生活；有的单亲家庭的家长对孩子过分溺爱，一切包办；还有的单亲家庭的父（或母）亲为了让孩子给自己争口气，对孩子要求过分严格，造成孩子巨大的心理压力。这些做法容易导致孩子胆子小，性格孤僻。他们不敢与他人交往，不敢说话，不敢回答问题，总是独自躲在一旁。

2.单亲家庭学生的教育方法

班主任是孩子的第二父母，在孩子的成长中起着举足轻重的作用。如何通过教育，引导他们尽快走出家庭的阴影，正确接受现实，善待自己，已经成为班主任必须面对的一个问题。

（1）给予他们真挚的关爱

"好的教育应是心心相印的活动。唯有从心里发出来，才能打动心灵深处。"单亲家庭的学生往往缺失关爱，因此班主任要精心扮演好"亲人、班主任、朋友"三种角，用"爱心、细心、信心、恒心、诚心"抚慰他们的创伤，温暖他们的心灵。班主任应处处关心他们生活中的细微之处，留心观察，善于发现、了解单亲家庭学生生活中的困难，并及时给予帮助和解决，让学生切身体会到真诚的亲人之爱。

（2）在集体活动中培养他们的人格修养

针对单亲家庭学生容易出现的人格问题，应引起班主任的高度重视，在培养他们健全的个性方面要花大力气。班主任可以充分利用班集体的教育力量，开展丰富多彩的集体活动，使他们朝气蓬勃地融入集体中来，乐观地面对并克服困难。班主任可以在班级中开展各种主题教育活动，如："手拉手，一帮一"活动，"我们都是一家人"主题班会，"同在一片蓝天下"主题班会等。让双亲家庭孩子与单亲家庭孩子团结、互助、平等地共同活动，一起欢笑、没有讽刺，没有歧视，帮助他们形成健全的个性和进行正常的人际交往。

（3）尊重学生

一些单亲家庭的孩子虽然表现出自卑的心理，但往往又倔强好胜，唯恐被人瞧不起，以一种叛逆的心理试图捍卫自己的人格尊严。单亲家庭的特殊环境，使这些孩子产生的特殊心理障碍，是他们最忌讳触及的雷区。如果班主任擅自揭开孩子心灵的伤疤隐痛，那无疑就是在他们的伤口上撒盐。这样的做法会让学生把心灵之门紧紧关闭，以免再次受到伤害。班主任应该意识到这些自尊而敏感的孩子需要的不是同情和怜悯，而是亲和、尊重和激励。

（4）与家庭沟通

班主任要通过各种形式，如家长学校、家长会、家访等建立家校联系制度，与家长密切配合，共同做好学生工作。在充分了解学生的同时，也应多了解家长。针对有的单亲家长对孩子生而无爱、只养不教、不履行监护责任，对孩子不良行为视而不见、听而不闻，拿孩子当出气筒等错误做法，班主任应提醒家长承担自己的责任，为孩子创造一种愉快的家庭氛围；让家长用正确的方式关心孩子，不要用孩子做武器；让孩子感受到父母的关爱，而不是被抛弃；不要在孩子面前互相攻击揭短；不要把孩子当作发泄的对象，让不抚养方多探望孩子等。班主任应及时向家长反映学生在校的学习、生活情况，让家长做到当自己的孩子遇到疑难，鼓励他不要气馁，奋勇向前；遇到烦心事，耐心倾听并及时开导孩子；当孩子取得好成绩，家长要分享孩子成功的喜悦并鼓励他再接再厉，争取更大进步。这些精神上的关爱会使孩子感受到春天般的温暖，孩子在这样的气氛中会敞开胸怀愿意与父母沟通，关系融洽。

（5）形成团结互助的班风

班主任要培养团结互助、积极向上的班集体，利用班集体来帮助这些单亲家庭的学生健康地成长。班主任可以采用"结对子"的方法，用一帮一的方式，组织班干部和一些性格开朗、乐于助人的同学与单亲孩子结对，使班内同学都能意识到自己帮助他们的责任，让单亲家庭学生更好地融入班级。在班级中也可以多开展活动，给学生更多了解、表现、帮助的机会，感受团结互助的快乐。

（6）加强与学生心灵的沟通

班主任在日常工作中，应多教导学生用宽容的心态去看待父母的离异。让他们懂得父母离异也是解决父母矛盾的方式，但父爱、母爱依然存在；孩子与父母的关系依然是亲子关系，这种关系不会因为家庭的解体而消失，你得到的爱不会因此而减少。虽然表面上看是生活在单亲家庭里，但父母依然一如既往地爱你，爱是完整的。与其生活在不愉快的家庭中，还不如让父母早些解脱去寻找自己的幸福。教育学生要学会理解父母的行为，宽容父母做出的抉择；在理解与宽容中化解恨意，心态变得平和，性格变得开朗。班主任还可以列举一些单亲家庭中成长起来的伟人、名人，用他们的经历鼓舞激励学生，让单亲家庭学生能用更积极的心态去面对生活。

二、班主任对不同类别学生的教育

宋代教育家朱熹说："夫子教人，各因其材。"因材施教的真谛在于教人要"因其材"，才能使人"尽其材"。因材施教实质上就是根据学生情况的具体性和个别差异性而施教，它立足于满足学生个性发展的要求。由于遗传、成长的环境尤其是学生态度、学习努力程度的不同，在一个班级里就出现了优等生、中等生和后进生。因此，把因材施教的原则用于班级教育管理中就显得尤其重要。新课程改革的一个核心理念就是要以生为本，一切为了学生的发展。班主任应认识到每个层次的学生都是班级的有机组成部分，不能忽视任何一个层次的学生。否则，既不利于这类学生的发展，也不利于整个班级的发展。

（一）班主任对优等生的教育

优等生群体，是指这样一个学生群体：他们学习成绩好，纪律观念较强，经常受到班主任的表扬，是班级的核心，是同学们学习的榜样，有着很强的牵引力和影响力。但是，这个群体的学生由于长期受到"优待"，致使他们的弱点常被忽略而逐渐演变成了缺点。在现实生活中常常有这样一些优等生：他们学习成绩很好，行为习惯、思想品德等方面却存在问题。如果这个群体得不到科学的管理、及时的引导和正确的培养，那么就很可能适得其反，他们不仅不能起到榜样示范作用，还可能影响到良好集体的形成。

1.优等生的总体特点

优等生的优点和长处是非常明显的，他们智力水平高，接受能力强；学习动机强，学习自觉性高；学习基础好，学习兴趣浓。另外，优等生往往还具有远大的理想，富有进取精神，也具有坚强的意志力，可以排除外界的干扰而较长时间地坚持学习，大多数优等生也有遵守纪律、讲文明礼貌等优点。优等生虽然具有诸多的优势，但并不意味着他们就完美无缺，由于他们身心发展还不成熟，再加上家长一些错误的教育思想和教育方法的误导，尤其是学校里一部分班主任对他们在思想上的偏信偏爱、管理上的忽视放松以及只看成绩、回避问题等因素，导致部分优等生身上还是存在有诸多的问题。

（1）骄傲自负。有的优等生认为自己资质聪明，成绩好，有"资本"，过高地估计"自我"作用，加上班主任和家长的宠爱，于是以"优"自居，自以为是，看不起别人，一般表扬和教育往往收效甚微，而稍加批评又会导致对立情绪。

（2）狭隘自私。有的优等生爱慕虚荣，争名好胜，一旦有人超过自己，往往流露出嫉妒心理，有时出言讥讽，有时不惜拆台。当同学向他请教时，显得非常保守，不愿帮助别人，既喜欢担任一些职务，又不愿付出相应的劳动，甚至还要求特别照顾。

（3）攀比摆阔。有的优等生以家庭条件优越而自诩，似乎高人一等。有的虽然家庭条件差一些，也要硬撑面子，"不甘人下"。这类优等生追求物质享受，讲攀比，显穿戴，摆阔气，至于勤劳俭朴对他们来说，都显得格格不入。

（4）表里不一。有的优等生从表面上看来什么都好，其实他们对各种思想兼收并蓄，内心深处的矛盾和困惑并不少，只是由于"世故老成"，因而从不轻易向班主任、父母吐露。即使有所表现，往往也显得比较隐晦不易察觉，因而很难使教育者对他们有针对性地进行引导和教育。

（5）难经挫折。大凡优等生抱负水平都高，又长期处于"顺境"，有的由于心理素质差，对待挫折和失败的承受力较差。如果一旦失去了"优"的条件，或者期望得不到满足，往往容易产生悲观失落的思想倾向，萎靡甚至一蹶不振。

（6）过于追求完美，焦虑心重。由于表现突出，成绩拔尖，从小在一片赞誉声中成长，导致有些优等生不能接受自己有丝毫的失误，做什么事情都追求完美，生怕落在别人的后面而失去原有的优势，一旦自己的表现不够完美，就会非常伤心失望。

2.优等生的教育方法

（1）全面严格要求

教育者头脑清醒，提高认识是解决优等生中存在的问题的重要前提。这就必须坚持学校的培养目标，要教育学生坚持社会主义方向，培养他们坚定正确的政治方向，树立远大理想和为人民服务的人生观以及良好的道德品质。教育者应该端正教育思想，不能用片面追求升学率的错误思想来影响他们，不能只看到他们的90分、100分，"一俊遮百丑"，更要注意他们的思想政治方向和道德品质。对他们的缺点，不能姑息迁就，应该严肃对待，努力使他们德、智、体等得到全面发展。

（2）促进优等生正确认识"自我"

人贵有自知之明。因此解决优等生中存在的问题，要注意教育他们提高自我意识。教育要正确引导他们学会全面辩证地看待问题，正确评价自己、认识自己。要懂得天外有天，不能唯我独优，而致故步自封。要他们既不能在成绩面前睡大觉，又不能一经挫折就灰心气馁。要创造团结和谐、相互学习的班级环境，促进学生认识"自我"，取长补短，不断提高。

（3）引导学生调整学习动机

班主任应当鼓励学生多一些内部的学习动机，少一些浮躁的外部动机。要让学生认识到排名只是认识和了解自身实力的一种手段，而非证明自我价值的终极目标。如果过分关注排名会束缚学生的思想而导致同学之间的恶性竞争。因此，作为班主任不要过分强调名次的重要性，而应强调通过排名，学生能够更好地发现自己的问题，并有效地调整自己的学习策略和行为。

（4）对优等生的评价要褒贬适度

优等生由于长期生活在同学、班主任肯定的眼光中，慢慢地就容易产生高人一等的思想，对自我的评价也偏高。因此班主任对他们的评价要褒贬适度，把握分寸。既不能一味表扬，使之盲目自大，目中无人，又不能过分批评损伤其自尊心。表扬要恰到好处，使优等生受到鼓舞继续前进，批评要合情合理，使之心悦诚服。班主任对优等生既不护短，又不夸大他们的长处，而是让他们通过与同学的平等相处，感受到别人身上的优点，让他们在为同学服务的过程中，体验一种奉献的幸福。

（5）注意加强对优等生的挫折教育

首先，班主任应让优等生意识到挫折是客观存在的，人生并非处处美好、舒适，从而在心理上应做好受挫准备。挫折的结果一般分两种：一是可能使人产生心里的痛苦，行为失措；二是它又可给人以教益与磨炼。班主任应让学生看到挫折的两重性，挫折既可成为弱者巨大的精神压力，也可成为强者勇往直前的动力，坚强的性格需要个人有意识地磨炼，正如歌德曾说过的那样：倘不是就着眼泪吃过面包的人是不懂人生之味的。教育优等生要以乐观的态度对待学习、生活中的挫折。其次要培养优等生对挫折的容忍力。优等生学习能力较强，给自己规定的目标和标准往往也较高，因而比其他同学体验到更多的挫折感而产生负面情绪，使自己陷入焦虑和紧张之中，一个难经挫折的人是难以适应社会生活的。因此，班主任一方面应教育他们客观看待自己，为自己树立恰当的奋斗目标；另一方面也要把优等生与其他同学一视同仁，不对优等生搞特殊化，犯错误有过失时该批评就批评，错误严重的还要给予相应处罚，让他们习惯于自己做了错事一样要受批评、惩罚。这样他们就会和普通同学一样，能够避免在特殊情况下出现的失落感。

（6）教育深入细致，方法艺术多样

优等生中存在的问题是一个复杂的问题。因此我们的教育必须深入细致，方法应该艺术多样。首先，班主任要与他们建立民主、平等的师生关系，克服由于角色身份带来的心理反差，求得共同语言，启迪他们敞开心扉，吐露真情。其次，教育工作要深入细致，注重调查研究见微知著，一经发现思想苗头，就要及时施教，防微杜渐。其三，多做个别引导工作，谈话目的要明确，内容不拘一格；不能千人一律要区别对待；或开诚布公寓理于情，或由远及近逐步深入；或先谈客观再谈主观；多用探讨的方式，不要搞"我说你听"的说教；要提供必要的条件给以在实践中克服缺点的机会。其四，调动家庭、社会的积极因素与学校共同配合，形成教育转化的"大环境"。

（二）班主任对中等生的教育

1.中等生的总体特点

中等生是指在一个班级中学习处于中等水平，而品行等方面又表现平平的学生。这类学生因其人数一般可占到班级总人数的50%~70%而构成班级学生的主体。中等生由于各方面都较普通，容易成为被疏忽的群体。在长期的中小学教育管理中存在"抓两头、带中间"的做法，使中等生成为不被人重视的教育"盲点"。中等生如果长期被漠视，容易出现以下问题。

（1）普遍缺乏自信

中等生处于一个不上不下的位置，他们也想像优等生那样风光，崭露头角，引人注目。也曾给自己制订一个个的奋斗目标，暗暗使劲，但由于各种原因却收效甚微。如果偶然失败还能挺住，但若连续多次都无法成功，就容易产生自卑、焦虑、抑郁等心理。另外，中等生由于在学习、思想等各方面表现平常，也容易被班主任和同学所忽视和冷落，缺乏他人的关注和激励，感到自己在班集体无足轻重，因而中等生容易产生自卑心理。

（2）"默默无闻"心理

中等生既不能凭借优秀的成绩引起老师的关注，也不会违反校纪校规招致老师的"特殊照顾"，他们总体上表现为成绩一般，安分守己，听话，默默无闻。由于老师在教育教学中无暇顾及他们，他们常常有被冷落和无人过问的感觉。若长此以往他们就不会轻易敞开自己的心扉示人，从而沉默寡言，喜怒哀乐不轻易表露，把心灵之门死死关闭。他们一般不愿和班主任接近，也不愿意主动和其他同学交往。

（3）甘于现状

中等生比上不足比下有余，甘居中游，安分守己、与世无争的心态较为突出。有的中等生对自己既没有高标准又缺乏严要求，不想"冒尖"也不愿落后挨批评，容易满足于现状，习惯于原地踏步无意去追求，也不会积极主动地去树立自己的奋斗目标，这都严重影响了其潜能的发挥以及个性特长的张扬。

2.中等生的教育方法

（1）给予每一个学生平等的关注

班主任在关注"两头"学生的同时，要有计划地预先安排好关注的"中等生"名单。班主任要把爱和关心撒向每一个中等生，让他们沐浴在班主任爱的阳光下。班主任应从感情上亲近、兴趣上引导、学习上启发以及从生活上关心他们。在方方面面上都在意他们：课内多给他们回答问题、做"演员"的机会；课外多与他们交流、谈心，沟通思想，进行心理疏导；批改作业时多看一眼，多写一点批语；当他们有进步时不失时机地给予表扬、鼓励。班主任有目的、有分寸地对中等生的爱护，可以说是促进他们进步的催化剂。

（2）为中等生创造展示自己的机会

每一个学生都希望自己是成功者，都期待着肯定和赞誉，特别是中等生，他们虽然表面默默无闻，内心却强烈希望自己被赏识。班主任要善于发现每一个学生的天赋、兴趣、爱好和特长，珍惜他们心灵深处的这种渴望，积极创造机会，不断地让他们取得"我能行"的成功体验。班主任应改革传统的班级管理制度，给中等生提供锻炼和为班级管理贡献力量的机会。班干部可以采用同学选举、学生自荐等方式，定期轮换。班主任也可以在班级中开展各种竞赛活动，让中等生在活动中有岗位、有职责，为他们的表现和发展创造机会，让他们参与活动的全过程，从中锻炼才能，发挥兴趣特长。还可设立"最佳创意奖""最佳合作奖""最佳组织奖""助人为乐奖"等各种奖项，让平时与获奖无缘的中等生也体验成功，享受成功所带来的喜悦，找回自尊自信，进而以更好的心态投入学习中去。

（3）运用榜样力量

心理学认为用与学生年龄相近的先进人物或有教育意义的事例进行教育，易于为学生所接受，且更有说服力。中等生境况相似，情感易融，一旦他们中有人脱颖而出，对其他同学而言，说服力强，目标的可接近性大，能起到很好的激励作用。因此，班主任不能忽视中等生的榜样更具示范性这一特性，应时刻留心观察这部分学生，及时发现他们身上的闪光点，塑造正面典型，从而推动中等生这一群体的良好转变。班主任可以在班级里评选如"节俭标兵""诚信标兵""勤奋标兵""团结标兵""环卫标兵""体育标兵""文艺能手""劳动能手""进步典型"等。虽然中等生综合起来并不是最好的，但他们往往在某一方面比较突出，因此很容易当选各种标兵或是典型，一旦有一部分中等生入选，在他们的示范下就可以带动其他学生的学习动力，让他们明白榜样并不是只有优等生才能做，任何人都可以，只要你努力就有机会，从而激起他们的求知欲望和学习内驱力，促使其积极上进。

（4）根据情况的不同因材施教

中等生一般可以分为三种类型，一类是不甘居中游，有强烈的进步愿望；二类是缺乏远大理想，得过且过；三类是认为自己天资差，缺乏前进的勇气和信心。一般是第一类占多数，但第二、三类的中等生也不能忽视。班主任应根据这三种类别的中等生给予不同的教育。对第一类学生可以采用对他们寄予热情希望的谈话，用前几届毕业同学的奋发进取的事例、努力进取的事迹以及提出较高的要求等方法，鼓励他们不断朝新的目标冲刺。班主任要多了解他们的学习和思想情况，征求他们的意见和要求，帮助他们克服学习上的困难。也要表扬他们争取进步的行为，并指出他们的学习潜力和努力的方向，鼓励他们"更上一层楼"。对第二类的学生，班主任要想方设法打破他们"甘居中游"的心理状态，激发他们积极进取的愿望，并以此为突破口，培养他们的毅力和意志。

（三）班主任对后进生的教育

何谓"后进生"，国内外教育界对其含义阐释很不统一，至今没有定论。但一般而言后进生通常是指那些学习不努力、成绩较差、思想上不求上进、品德水平较低的学生。"后进生"具有相对性，相对于"先进的学生"而存在。每个班都有相对的优等生和后进生。后进生往往让班主任头疼不已，但如果忽视或放弃对后进生的教育，任其发展下去，则很可能让这些学生在不良诱因的影响下走入歧途，最终给家庭和社会带来无穷后患。但如果班主任能够充分关心他们的发展，在他们身上倾注更多的心血，则可以化消极因素为积极因素，挽救和培养出更多的合格人才。

1.后进生形成的原因

（1）家庭因素

现在的孩子大都是独生子女，有的家长对子女的要求，无论正当与否都会满足和迁就，使子女养成"饭来张口，衣来伸手"的不良习惯，却忽略了思想品德的教育和管理。对他们的缺点或错误则姑息、袒护甚至隐瞒，使他们养成高傲、自私自利等心理和性格。特别有爷爷、奶奶的庇护政策，使有些孩子蛮横无理。

而且现在有的父母整天忙于工作，对于新事物的接受较慢、较少，而青少年接受新事物快，思想新潮，因此，两代人之间的沟通存在着许多障碍。做父母的对孩子了解很少，又不注重与他们进行内心的交流，甚至认为只要有钱给他们用就行了，但却不知道其实他们最需要的就是心灵上的沟通。试问有这种思想的家长怎能教育好孩子，怎能对孩子的不足进行针对性的教育。

（2）学校原因

学生在学习上屡遭挫折后，他们是很需要得到同情和帮助的，但如果教师缺乏应有的耐心，挖苦、讽刺甚至责骂他们，必然会使学生怀疑自己的学习能力，在打击不断中失去信心，仅有的一点学习兴趣也消失了，就会从学习上的困难者变成学习上的落后者。时间一长在他们的意识中就会出现偏离集体的倾向，在行为上就会出现失控的现象，最终发展成具有不良行为和习惯的学生，甚至会做出各种反常的行为与班集体抗衡，少数的后进生就会离开学校到社会上去结交一些不良的朋友。

而且每个学生都有自己的兴趣、特长和爱好，后进生也不例外。但如果班主任因为他是后进生，便从潜意识上排斥他们，不让他们参加一些活动，不让他们的特长得到充分的发挥，甚至处处都鄙视他们。那么久而久之，后进生自己也会认为自己什么都不行，丧失对自我价值的肯定，以至于逐渐对他人、对集体失去信心，并在一些诱惑面前失去理智而无法控制自己，就干脆"破罐子破摔"了。

（3）社会因素

随着生活观念的变化，离婚家庭日益增多，形成许多单亲孩子。失去母爱或父爱的孩子心灵受到极大的创伤。这种学生在学校通常表现为性格孤僻、自卑，对学习丧失信心，对生活失去信心，内心空虚，这时他们很容易染上社会上的一些不良风气，致使他们学习情绪更加低落，对学习更没有兴趣。

现在的社会充满了各种诱惑，影视、计算机及网络的普及，给部分青少年的虚拟情感走向极端创造了可能。商家为了商业利润竭尽手段吸引人们消费。在商业行为中不适度的夸张其说，使得一些青少年注重享受而逃避劳动；暴力、色情的内容也使得青少年往不良的方向发展。而有些青少年在辨别是非的能力方面相对较弱，那些不良风气潜移默化地影响着他们。致使家长苦口婆心的劝导，老师孜孜不倦的教诲都失去了作用，他们为了讲"哥们"义气，做出一些违法犯纪的事。

（4）后进生自身的原因

后进生之所以成为后进，自身的原因也必须进行具体分析，有心理障碍方面的原因，也有学习基础、学习方法等方面的原因。

2.后进生的总体特点

（1）是非观念模糊，无追求目标

由于长期放松对自己的严格要求。后进生往往自暴自弃，破罐子破摔；有的消极悲观，苦闷不乐；有的由于逆反心理的作用，对抗班主任、家长或是其他权威。他们对个人与集体、光荣与耻辱、美与丑、公和私等，常常作出与正确要求截然相反的结论。他们把尊敬班主任认为是"拍马屁"，把同学向班主任反映情况说成是"告状"，把违反纪律、恶作剧看成是勇敢，把为同学隐瞒缺点、抄作业视为友谊。另外，后进生对自己的前途没有明确的目标，有的学习成绩不好，升学无望；有的个人兴趣和爱好（如体育活动、文艺活动、绘画等）又得不到认可和支持，常受到过多的限制和责备，对于自己将来能做什么，他们心中一片茫然。

（2）自卑感强

后进生由于各方面较差，受到批评较多。父母的训斥、怒骂，同学的讽刺、挖苦，加上某些班主任的"另眼相看"，使他们感觉低人一等，进而自暴自弃。

（3）不喜欢学习

后进生不把学习当回事，纪律松懈，上课注意力不集中不用心听讲，下课贪玩不复习功课，不完成作业，考试成绩差。但他们往往只是对学习书本上的知识不感兴趣，其他方面则兴趣广泛，特别是对体育运动、文艺活动等颇感兴趣。

（4）义气观念重，易感情用事

后进生虽然成绩不好，行为上不拘小节，但他们的内心也有着朴实和细腻的情感。后进生无论在学校还是在家里都经常遭到指责和冷遇，他们在成长过程中失去了爱，一旦有人真正去关心、帮助、爱护他们，他们往往就愿意与这个人交朋友。他们重友情，讲义气，凡是朋友的要求，他们会竭尽全力；凡是心眼里敬佩的班主任，他们会无条件地执行他的命令，听从他的劝告。班主任发现一种很矛盾的现象，就是那些毕业后的学生中，曾经让班主任引以为傲的优等生往往对自己视而不见，躲着自己，但那些曾经常被自己批评惩罚的后进生却在毕业后对自己有很深的感情，对自己很亲切非常的尊敬。这是什么原因呢？一方面是这些后进生长大懂事了，觉得班主任过去的教育是对的，因此感激班主任；另一方面因为他们的问题多，班主任与他们接触多，建立了一定的感情。

（5）坚持性较差

后进生再差都有愿意积极向上进取的一面，都有想改正错误、迎头赶上、符合班主任和家长期望的时候。但由差到好是个艰苦的、反复的、漫长的过程，好些后进生由于长期已经形成了自由散漫、学习时注意力不集中、意志力薄弱等缺点，因此在争取上进、改正错误的道路上就会走得很艰辛，很多时候会由于遭受一些失败或其他打击而放弃，不能长期坚持积极进取的道路。

3.后进生的教育方法

（1）正确认识后进生的问题

班主任应认识到后进生问题具有普遍性和严重性。后进生是世界范围内的问题。曾任联合国教科文组织国际教育局主任、法国教育总督等职的法国教育家让·托马斯在《世界重大教育问题》一文中指出不及格和留级是初等教育也是高等教育的创伤，发展中国家受创最重，后进生问题是个世界性的问题。另外，不能低估后进生的数量。就一般的中小学而言，在各个班级都有一定比例的后进生，少则一两个，多则三五个。全国有多少一般的中小学，把后进生统计出来那将是一个庞大惊人的数目。长期的教育管理中许多班主任把后进生称为差生。而差生这个概念是不科学的，因为差生这个概念是静态而不是动态的。班主任应以发展的眼光、辩证的观点去看待差生。青少年的可塑性强，今日的差生过一些时候，转化和发展了也就不是差生了。科学家牛顿、发明家爱迪生小时候不是都一度被认为是差生吗？大诗人海涅还曾经被他的班主任斥为"对诗一窍不通"呢！但后来他们都以自己的卓越成就，否定了那些人的偏见。由此可见，把差生看成为动态的概念，用辩证的发展的观点去认识差生、对待差生才是科学的。

（2）平等地对待后进生

有的班主任一提起后进生就摇头、叹气；态度上冷淡的多，热情的少；歧视的多，关心的少。特别是在片面追求升学率的学校，他们往往把后进生看作是升学率中百分比的分母，分母越大越不妙，分母越小越沾光。因此总是嫌他们不争气，厌他们拖后腿，把他们看成包袱。斥责讽刺有之，漫骂体罚有之，希望他们"自然减员"，强制他们留级，把"祸水"推给别人有之，甚至寻找借口令其退学，推出校门的也有之。班主任的这些做法，大大地伤害了后进生。违背了《中小学班主任职业道德规范（2008修订版）》第三条"关心爱护全体学生，尊重学生人格，平等、公正对待学生"。教育家陶行知曾说过这样一句话："你的教鞭下有瓦特，你的冷眼里有牛顿，你的讥笑声中有爱迪生。"这就要求班主任不能忽略任何一个学生，因为每一个学生都可能成为非常有作为的人。因此，班主任要意识到每个人都是有无限潜能的，尤其是后进生，他们往往被大家所忽略，甚至他们自己都不知道自己还有很大的发展空间。如果班主任能把后进生视为"潜能生"，这不仅是教师教育管理观念的一大进步，更可以让后进生放下不该背的包袱，使师生见到"潜能生"的名称，便产生开掘欲、奋起心。

（3）正确引导后进生

班主任不仅仅是后进生的教育者、管理者，要使教育有效果，还应做他们的知心朋友，做他们可以"倾诉"的对象。班主任可以采取和后进生谈心的方式，和他们建立比较密切的关系，并进行及时引导和帮助。在理解、尊重、信任、平等的基础上，努力营造一种宽松和谐的气氛，增强学生的认同感，真正站在关心他们成长进步的立场上，和他们一起共渡难关，使得后进生放下包袱，倾吐真言，从而全面了解到他们的真实情况，找出原委。并对他们身上的积极因素加以肯定、鼓励、引导他们确立新的目标，在交流和沟通中，不断肯定后进生新的行为模式和进步表现。这样在不断交流中，后进生就会从班主任那里吸取力量，不断进步。

（4）激发后进生的自主求知欲望

后进生由于在学习上遇到的困难和挫折更多更大，所以更易产生厌倦感、自卑感和无助感，而这些感觉又会进一步影响学习，形成恶性循环。因此，班主任应该经常深入学生中去观察了解情况，对学习困难等现象进行调节和引导。班主任可以进行学习指导，教给他们怎样预习，怎样听课做笔记以及解题的思路、方法。在教学过程中班主任要开动脑筋，想方设法激发和培养学生对学习的兴趣。学生喜欢听什么知识，怎么讲效果好，要在实践中积极探索，除了按教材授课之外，还应根据他们的年龄特点，选择一些学生愿意听的知识穿插到教材之中，对学习成绩差的学生，班主任要在课余时间给他们加"小灶"进行补课，上课多提问后进生；课后多辅导后进生做作业以解决学习难题；也可以动员班级的优等生向后进生伸出友谊之手，结成帮对。

（5）教育转化后进生要做到的"四心"

第一，爱心。捷尔任斯基说过："只有用爱才能教育孩子。"班主任要用爱心去浇灌后进生，主动接近他们，询问他们的家庭情况，了解他们的兴趣爱好，赢得他们的信任和爱戴，在课堂上用语言去激励、用表情去温暖、用行动去感化他们，向他们传送亲切、信任、尊重的情感信息，使后进生乐于接受班主任的教育，恢复他们的理智和自尊，从而使他们养成良好的个性心理，转变成为人们期望的好学生。

第二，信心。班主任在教育后进生时，要坚信每个学生都是可以教育好的，都有潜能可以挖掘出来。班主任对他们的信心也会让学生对自己的成长充满信心。班主任可以从这几方面入手：一是对后进生要求要适度；二是让后进生充分发挥自己的才能，充分展示自己的长处；三是让后进生获得成功。

第三，诚心。"没有感情的教育是苍白无力的教育。"班主任应对后进生怀着真挚的关心之心，设身处地为他们着想，不能当同学的面训斥、挖苦，而是了解情况后进行家访、分析根源，并要求家长配合班主任共同做好学生的思想转化工作。在经过反复的"动之以情，晓之以理"的谈话后，让后进生感受到班主任真诚的关爱，并慢慢地转变。

第四，恒心。后进生的转化不可能一蹴而就，一般要经历醒悟、转变、反复、稳定四个阶段。因此在转化过程中，后进生故态复萌，出现多次反复是一种正常现象。因此班主任在分析后进生为什么差的原因后，并在做好家长工作的同时，要抽出时间单独对他们指导，采取逐步帮助其改正错误的办法，一点一滴地提出要求，帮他们制定目标，然后落实；再制订，再落实。转化后进生不可能在短时间内完成，因为坏习惯的形成是渐进的，那么对他们的改进同样也是渐进的。学生在转变过程中肯定会出现一些反复，这就要求班主任尤其要有恒心，"反复抓，抓反复"，当学生出现反复后，班主任要不厌其烦地和他们谈心，以增强其改正错误的勇气和信心，这样一步一步地提高要求，循序渐进，并及时指出努力方向，从而使他们不断进步。

第三节　班级文化建设中的艺术

一、班级文化建设理论与实践

（一）班级文化含义

所谓"文化"，是指人类在社会历史发展过程中制造的物质财富和精神财富的总和，比如文艺、天文、地理、教育、服饰等。而班级文化，则是指班级人为了实现班级的目标，在班级中通过教育、学习、管理、生活等各个领域的活动所创造出来的一切物质和精神的产物。

这个概念包括了五层意思：第一，班级文化的主体是班级人（班主任、班级学生及科任教师等）。第二，班级文化是在学校环境中的一种亚文化，有自己的独立个性与特质。它与社会文化和学校文化有着密切联系。社会文化通过大众传媒、人际交往和社会活动等方式影响班级文化。班级文化是校园文化的有机组成部分，班级文化建设的内容、特色、方法等必然要受到校园文化的制约。第三，班级文化的活动领域包括教育、学习、管理、生活等各个方面。第四，班级文化是班级人后天习得和创造的。第五，班级文化活动的开展，其目的在于实现班级的目标，建设良好的班集体。

（二）班级文化的主要特点

班级文化是校园文化的一个方面，是班级全体师生共同创造的一种动态的、发展的个性文化，是一个班级的灵魂，代表着班级的形象，体现了班级的生命。作为一种亚文化，必然具有自己的特殊性。

1.时代性

这是就班级文化的形成和发展而言的。任何文化都是时代的产物，都要反映时代的要求，班级文化也不例外。班级文化在其形成和发展过程中，无不受到一定时代政治、经济、文化的制约和影响，打上时代的印记，反映时代的风貌，具有时代的精神特点。班级文化的时代特征，决定了它必须紧跟时代的步伐，与时俱进，这是班级文化的根本生长点。

2.多元性

这是就班级文化的内容而言的。班级文化的内容是丰富多彩的，既有物质的，又有精神的；既有制度的，又有行为的；既有个体的，又有群体的；既有移植外来的，又有自身生长的；既有继承传统的，又有发展创新的……班级文化的多元性体现了班级文化丰富的内容和深刻的内涵。

3.规范性

这是就班级文化的可控性而言的。相对来说，社会文化由于影响因素、途径和方式较为复杂，不可控因素较多，具有较明显的随意性。而班级文化则不同，它必须为班级的目标服务，围绕目标而开展，受目标的调控。同时，班级文化的可控性还表现在受制度文化的影响方面，即班级的规章制度对班级人的行为具有严格的规定性和约束力。班级文化的这种规范性，指引着班级人朝着既定的目标明确而有序地开展活动。

4.多样性

这是就班级文化的活动方式而言的。班级文化的活动方式，不是孤立的、单一的，而是丰富的、多样的。它既有班级人集体的活动，也有个体的活动；既有集中性的活动，也有经常性的活动；既有口头语言的活动，也有书面语言的活动；既有组织的正式活动，也有自发的非正式活动等。这种多样性的特征，使班级文化呈现出五彩缤纷的特色。

5.动态性

这是就班级文化的发展过程而言的。任何一所学校的班级文化都不是静止不变的，而是动态发展的——都要经历一个从无到有、从少到多、从低级到高级的渐进过程，今天的班级文化是昨天班级文化的继承和发展。认识到班级文化的这一特征，我们才能用辩证的观点，时时处处审视班级文化变化发展的情况，从而促进其朝着预期的目标健康地发展。

6.潜移性

这是就班级文化对学生发展的影响而言的。班级文化是学生所处的外在文化环境，它既直接影响学生对学习生活的感知、理解，又通过长期熏染、潜移默化地影响学生的人生观、世界观和价值观。

（三）班级文化的主体功能

班级文化的功能是指班级文化的作用。积极的班级文化主要具有以下几方面的功能。

1.文化导向功能

班级文化一旦形成，就有明显的价值导向功能。它通过文化因素的暗示，渗透于学生心里，可形成学生的价值观念，左右学生的思想和行为，影响和主导学生的价值取向。长期处在某一班级文化中的学生，在其熏陶下，必然形成相应的价值观念和思维方式。

2.文化激励功能

班级文化作为一个客观现实的环境，能为每名班级成员提供文化享受和文化创造的空间，提供文化活动的背景以及必要的活动设施、模式与规范，从而有效地激发和调动每名成员参与班级活动的积极性、主动性和创造性，使其以高昂的情绪和奋发进取的精神投入学习和生活中去。

3.文化调控功能

班级文化所形成的规范体系，制约着学生的言行。这种规范一旦形成，就会成为一种强大的力量，使班级成员都能自觉地约束自己，让自己的行为符合班级规范。班级文化对成员的这种制约功能主要通过以下三条途径得以实现：氛围制约（环境、关系、风气等）、制度制约（规章、纪律、守则等）、观念制约（理念、道德、舆论等）。

4.文化凝聚功能

班级文化是一个班级师生共同创造并实现的精神产品，是班级全体成员思维与精神的集合，寄托着他们共同的理想和追求，体现着他们共同的心理意识、价值观念和文化习性，对班级成员来说，是一种精神纽带和心理"势场"。这种共同的心理意识、价值观念和文化习性会激发成员对班级目标、准则产生认同感和作为班级一员的使命感、自豪感和归属感，会使班级成员之间形成和谐、信任、友爱、理解和尊重的群体关系，并在共同目标的指导下统一思想，统一行动，从而激发起强烈的凝聚力和群体意识。

二、班级文化建设的基本程序

建设班级文化是学生全面发展的迫切需要，也是加强和改善学校教育工作的重要途径，因此，要从学校、班级和学生的实际出发，有目的、有计划、有组织地建设班级文化。

全面质量管理理论中关于全面质量管理的思想方法和工作步骤，即PDCA循环，对我们建设良好的班级文化具有重要的指导意义。PDCA循环又叫戴明环，是美国质量管理专家戴明博士首先提出的，它是全面质量管理所应遵循的科学程序。

PDCA是英语单词Plan（计划）、Do（执行）、Check（检查）和Action（处理）的第一个字母。全面质量管理活动的全部过程，就是按照PDCA循环，周而复始地运转的过程。

第一阶段是计划，包括方针、目标、活动计划、管理项目等。

第二阶段是执行，即按照计划的要求去做。

第三阶段是检查，检查是否按规定的要求去做，哪些做对了，哪些没有做对，哪些有效果，哪些没有效果，并找出异常情况的原因。

第四阶段是处理，肯定成功的经验，将之变成标准，以后就按照这个标准去做。总结失败的教训，使它成为标准，防止以后再发生。没有解决的遗留问题反映到下一个循环中去。

在PDCA的循环中包含找出问题→找出原因→找出主要原因→制订计划→执行→检查→总结经验→提出新问题8个步骤。

PDCA循环不是在同一水平上的循环，每循环一次就解决一部分问题，取得一部分成果，工作就前进一步，水平就提高一步。到了下一次循环，又有了新的目标和内容，工作就更上一层楼。

根据全面质量管理的工作原理，我们认为，班级文化建设应该按照科学决策、切实落实、评价反馈与持续改进的程序进行。

（一）文化建设中的科学决策

1.决策的内在含义

"决策"一词的意思就是做出决定或选择。时至今日，对决策概念的界定不下上百种，但仍未形成统一的看法。诸多界定归纳起来，基本有以下三种理解：一是把决策看作是一个包括提出问题、确立目标、设计和选择方案的过程。这是广义的理解。二是把决策看作是从几种备选的行动方案中做出最终抉择，是决策者拍板定案。这是狭义的理解。三是认为决策是对不确定条件下发生的偶发事件所做的处理决定。这是对决策概念最狭义的理解。这里是从广义上来理解决策含义的。

"凡事预则立，不预则废"。决策主要解决两个问题：一是干什么，二是怎么干。在班级文化建设中，只有通过科学决策，才能统筹兼顾、全面平衡，充分调动全班的积极性，有效地利用人力、物力和财力，指导班级文化建设的顺利进行，取得良好的建设效果。

2.班级文化建设决策的主要内容

班级文化建设决策要涉及班级文化建设的方方面面，其主要内容可用"5W"来表示：

Why—为什么要做？即明确计划工作的原因和目的。

What—做什么？即明确所要进行的活动的内容及要求。

Who—谁去做？即规定由哪些部门和人员负责实施计划。

when—何时做？即规定计划中各项工作的起始时间和完成时间。

Where—何地做？即规定计划的实施地点。

How—怎么做？即制订实现计划的手段和措施。

但从宏观的层面上看，班级文化建设的决策主要包括班级文化特色的提炼、班级文化建设目标的制订和班级团队活动的设计三个方面。

（1）提炼班级文化特色

特色是事物所表现出的独特的色彩、风格等。它是一个事物或一种事物显著区别于其他事物的风格、形式，是由事物赖以产生和发展的特定的具体环境因素所决定的，是其所属事物独有的。班级文化特色是一个班的班级文化有别于其他班的班级文化的出色的方面，是其所特有的。

班级文化建设不能人云亦云，要有独创性，要有个性、有特色，要突出青春、朝气、活泼、健美等特点，要有较高的艺术品位和氛围。班级文化当然需要借鉴，需要学习，但这种借鉴、学习都是为我所用，不能完全照搬、照抄。否则，东抄一点，西凑一点，就成了"拼盘"，或者成了僵硬的仿制，因千人一面而失去独特的魅力。

（2）科学制订文化建设目标

目标是个人、部门或整个组织所期望的成果。班级文化建设目标就是一个班级文化建设所期望取得的成果。

制订科学的班级文化建设目标是科学决策的核心内容。班级文化建设目标对班级文化建设至关重要，目标就是动力，目标就是方向。具体来说，班级文化建设目标具有激励、导向和评价等功能。

班级文化建设目标功能的发挥不仅与目标本身有重要的关系，还与班级成员对目标的认知有重要关系。当班级成员认为某个目标很重要，具有很大的个人和社会意义时，这个目标就会对其心理和行为产生较大的影响力，推动班级成员为实现这个目标而努力。相反，如果班级成员认为某个目标对其没有任何意义，实现它没有任何价值。这个目标对班级成员的心理和行为就没有影响力和推动力，班级成员也就不会为实现这个目标做出努力。因此，在制订班级文化建设目标时，应做到：

1）目标定位要正确、具体、难度要适中；

2）目标要符合自己的实际，体现自己的特色，要有实现目标的具体步骤；

3）目标的设立要与社会发展目标相一致；

4）各层次目标应有内在的一致性；

5）目标的制订要尽可能多地征求班级成员的意见，并接纳其合理建议。

（3）系统设计班级团体活动

良好的班级文化是班级成员在活动尤其是在团体活动过程中逐渐形成的，通过有计划、有组织地开展团体活动，从中不断显现特定的文化价值，使班级成员在参与活动中受到陶冶和熏陶，促使其在认识、情感和行动上逐渐趋同于班级文化的预定文化价值，从而达到形成良好班级文化的目标。因此，在班级文化建设目标制订后，必须设计出要通过哪些团体活动的开展来完成制定的目标。

在设计班级文化团体活动时要注意：①全员性—尽可能让全体同学都能参加活动，使每名学生都从中受益；②活泼性—活动符合学生的身心特点和兴趣爱好，使学生都乐于参加，勤于参加；③特色性—活动要有特色，有利于班级文化特色的形成和提升；④操作性—活动不宜过难或过易，要便于操作；⑤适度性—活动也不是越多越好，要精练。

（二）文化建设中的落实与解决措施

切实落实就是把班级文化建设的各项科学策划付诸实践，使之变为现实。它是班级文化建设的关键环节，没有切实落实，再好的班级文化建设策划都只能是水中花、镜中月。就班级文化建设内容而言，就是要落实班级物质文化、制度文化和精神文化的建设。

1.物质文化建设的落实

班级物质文化是班级文化建设的物质基础，主要是指教室的自然环境，包括教室墙壁布置、标语口号的拟定、桌椅的摆放、环境卫生的打扫与保持等。教室是学生学习、生活、交际的主要场所，是老师授业、育人的阵地，是师生情感交流的地方。优美的教室环境能给学生增添生活与学习的乐趣，消除学习后的疲劳。更重要的是，它有助于培养学生正确的审美观念，陶冶学生的情操，激发学生热爱班级、热爱学校的感情，促进学生奋发向上，增强班级的向心力、凝聚力。

2.制度文化建设的落实

规范的班级管理制度有利于学生形成良好的行为习惯，建立良好的班集体必然需要相应的班纪班规来约束学生的行为。

首先，要建立健全班级规章制度。一个班级科学管理的前提是规章制度的规范化。俗话说"没有规矩，不成方圆"，班级的规章制度是为了给学生提供参与班级活动及处理班级事务的行为标准。

其次，落实好规章制度执行情况的评比工作。一是向学生广泛宣传制度内容及含义，使学生掌握并理解制度的各项内容，明确遵守规章制度的作用，以使制度深入人心；二是积极创设条件，使规章制度能够更快、更好地实施；三是通过定期检查评比，营造出鼓励学生自觉执行规章制度的氛围，既可以强化制度的落实，又能使学生形成良好的行为习惯。

3.精神文化建设的落实

班级精神文化是班级文化的核心和灵魂。班级精神文化建设要着重抓好以下几方面的建设。

（1）建设优良的班风

班风是班集体长期形成的在言论上、情绪上和行动上的共同倾向，是学生思想、道德、人际关系、舆论力量等方面的精神风貌的综合反映，是班级文化建设的核心和精髓所在。班风是在长期的教育教学实践中逐渐形成的，是一个班级历史的积淀。一旦形成往往不易消散，成为班级所有成员自觉行动的共同信念。优良班风像熔炉一样，对全班学生起着熏陶、感染的作用，是一种巨大的教育力量。

（2）构建融洽的人际关系

人际关系指人与人之间的社会关系和心理关系，是在一定群体中，在人们相互交往过程中所形成的比较稳定而又持久的关系。班级人际关系主要包括教师与学生之间的关系和学生与学生之间的关系。

融洽的人际环境，不仅可以使人奋发向上，还可以使班级形成良好的集体意识。要构建融洽的班级人际关系。首先，班主任和教师要有科学的教育观念，要热爱关心学生，尊重信任学生，对学生一视同仁。其次，要开展丰富多彩的集体活动。人际关系是在活动和交往中形成的，在活动和交往过程中，增进师生、生生之间的了解，升华他们之间的感情。

（3）形成正确的舆论

班集体舆论就是在班集体中占优势的、为多数人所赞同的言论和意见。班集体舆论是班级成员观念态度的集中体现，是班级深层次的精神文化。班集体的成长离不开健康的班集体舆论。要培养正确的班集体舆论：第一，要培养学生正确的认识。学生如果没有正确的认识，是不可能有正确舆论的。第二，要正确把握集体舆论，善于启发引导，以确保班集体舆论朝着积极、健康的方向发展。第三，要善于利用舆论工具，充分发挥它们的作用。第四，对好人好事，要不失时机地表扬，对学生的错误，也要立即指出，引导学生形成正确的是非观。

（4）注重诚信教育

诚信教育就是要引导学生说老实话、办老实事、做老实人。诚信是我们中华民族的美德，是个人立身之本。要使学生具有良好的诚信品质，班主任首先要以身作则。"其身正，不令而行；其身不正，虽令不从"。其次，形成班级诚信氛围，强化"诚信光荣，不诚信可耻"的道德观念。第三，使学生形成正确的诚信观念，要善于反思，要有独立自主的精神。

（5）培养学生创新精神

"创新是一个民族进步的灵魂，是一个国家兴旺发达的不竭动力。"创新是新时代的主旋律，班级精神文化建设要注重发掘学生的创造潜能，培养创新型人才。要培养学生的创新精神：第一，要具有正确的创新观念，陶行知在《创造宣言》中说："处处是创造之地，天天是创造之时，人人是创造之才。"创新并不只是科学家等少数杰出人物的专利。第二，要搭建良好的平台，为每一名学生提供思考、创造、表现及成功的机会，从而发展学生的个性及特长。第三，关注学生成长与发展的每一点进步，帮助学生发现自己、肯定自己。第四，培养创新的班级氛围，培养学生形成不唯师、不唯书、只唯实、敢说、敢想、敢于怀疑、敢于否定的意识。

（三）班级文化的评价反馈与持续改进

评价是依据班级文化建设的目标，对已开展的班级文化建设活动进行价值判断，主要看建设成效与建设目标的吻合度。反馈是指班级文化建设评价者将有目的的采集的有关评价对象的信息，传递给评价对象，然后收集评价对象的反馈信息，以此来实现评价信息的循环，借此不断修正评价对象的行为，即班级文化建设评价者通过评价的反馈，对班级文化建设者的行为进行调节和控制。交流是指班级文化建设评价活动的参与者，包括评价者、被评价者及其他相关人员之间的相互信息交换。通过交流，能够促使人们自我反思、相互学习、取长补短、共同进步。

三、班级文化建设基本模式与思路的探讨

（一）班级文化建设的基本模式

1.班级文化建设的基本行为

依据西方经典的组织文化理论，创建和改造组织文化的努力，可以分为实质行为和符号行为。其中，实质行为指的是该行为能取得班级优势和特色，如学习、考试、文体竞赛等；符号行为则是对班级取得的这种优势和特色进行的表达和传播。二者是相辅相成的，实质行为是符号行为的前提和基础，符号行为又能促进实质行为的发展。班级文化作为一种组织文化，如果只是对班级价值观、班级精神以及班级个性等精神文化要素进行表达和传播的符号行为，而没有体现这些班级文化核心要素的实质行为，那么这种班级文化就很可能是空洞无力的，尽管从设计上看它有较为完整的体系结构。相反，只有实质行为创造优势和特色而没有符号行为进行提炼和表达，那么，这种班级文化很可能就是一种没有灵魂的班级文化。因此，健康的班级文化产生的条件是：取得优势和概念表达二者俱全，也就是实质行为和符号行为共同发挥作用，这样班级精神才能落到实处，班级文化的匹配作用才能真正发生。通俗地讲就是要处理好"做"与"说"的关系。"做"和"说"在班级文化建设具体操作的战术动作上是相辅相成的，不可偏废。

2.班级文化建设的基本模式

（1）归纳模式

1）归纳模式的基本内涵。归纳模式中的班级精神是在教书育人的实践中对特定主题的班级优势和特色进行长期积淀后逐渐形成的在其定型之后由班主任提炼形成的，其公式可以概括为：突破—积淀—提炼。

"突破"发生在班级文化建设的启动阶段，它指的是班主任在深入了解班级特点的基础上，引导学生在学习和活动中取得优势，创造出与之相适应的班级特色，从而为班级文化建设找准切入点。在突破中创造出来的优势和特色，虽然不明显，但它包含了班级文化核心要素。"积淀"对应的是班级文化建设的发展阶段。它是在班级文化建设取得突破之后，班主任依据此前形成的班级文化核心要素的基因，引导学生在学习和活动中不断取得优势，不断积累和加强班级特色的过程。在这一过程中，班级不断取得优势的做法和作风会逐渐演变成为一种"传统"———一种业已形成但尚未被明确表达的班级精神。接下来，就很自然地进入了提炼阶段。提炼阶段是班级精神定型的阶段，也是班级文化成熟的阶段。判断是否对班级精神进行提炼的标准是看这种"传统"是否能在班级取得优势的过程中模式化地发挥作用。如果是，班主任就应选准时机从这种班风传统中提炼出其核心内涵———班级精神。这种经过长期实践形成的班级精神一旦被恰当地提炼和表达出来并得到进一步强化，一种健康的、强势的班级文化就形成了，它必将对班级教书育人的目标产生良好的匹配作用。

2）归纳模式分析。周勇在《班级文化建设操作纪实》中讲述的是较为典型的归纳模式。在突破阶段，该班班主任依据班级学生调皮、活跃、爱打排球的特点，引导学生在学校排球比赛中取得优势，并借机提出了"最调皮、最厉害、最可爱"的班级形象概念，为班级精神的形成提供了"最"字基因。经过初一第二学期语、数、外三科统考全校第一名和初二第一学期"物理回回第一"两次大型的"最厉害"的形象诉求的操作，该班学生会考又取得全校第一名，该班主任故而判断这种作风已在模式化地发挥作用，趁着一个恰当的时机将林依轮演唱的《步步高》当作班歌，以此为引子将歌词"世间自有公道，付出终有回报，说到不如做到，要做就做最好，步步高"中的"要做就做最好"概括为班级精神，并引导学生回顾该班不断取得以"最厉害"为内涵的班级优势的历程，概括了这种班级精神提炼的内涵。

2.演绎模式

1）演绎模式的基本内涵。演绎模式指的是班主任在深入了解班级特点的基础上，依据班级特定的教书育人目标，提出其预设的班级精神，然后通过引导获得学生的认同，并使学生在学习和活动中践行而发展成熟。其公式可以概括为：提出—认同—落实。

在提出阶段，班主任依据对班级目标和班级特点的理解提出自己预设的班级精神，从而设定班级文化建设的基本方向。这种提出的形式是多种多样的，可以是班主任直接提出，也可以是班主任引导后学生自己提出；可以利用已取得优势提出，也可以在没有取得优势的情况下依据班级情况和班级目标提出。总之，班主任要善于抓住有利时机提出自己的班级精神表达。此时，班级精神还是比较抽象的，其具体的表达方式也可能是不成熟的。在接下来的认同阶段，班主任要采取行动让学生认同这种班级精神，使其内涵系统化，并确定其最终的表达方式。最后是落实阶段，这是演绎模式操作中的重点和难点。

2）演绎模式分析。周勇在《塑造班级品牌的灵魂——班级精神的提出及落实例说》中讲述的是较为典型的演绎模式的案例。在提出阶段，该班主任在确立学生个人成长目标的基础上，对班级精神有较明确的要求（"要成为N0. 1"），但未直接表达，而是学生在接受引导之后自发提出来的（"We're the best"）。从该班主任对这句贴在教室后墙上的班级口号的"暂时肯定"不难看出，这时的班级精神表达尚未定型。在认同阶段，该班主任针对男女生早恋这一普遍问题，又引导学生自发地提出了"留得青山在，不怕没柴烧"的班级价值主张，对班级精神在这一特定环境中的形成提供了很好的价值支撑。接着，利用在活动中取得的优势，使班级精神获得学生认同，并借机将其定格为"To be the best"的班级精神。在落实阶段，该班主任主要通过进一步激发学生的学习热情，培养学生良好的学习习惯，充分调动学生的积极性来践行"To be the best"，在这一过程中，为该班提炼了"纯真可爱，积极上进"的班级品牌个性，丰富了班级文化的内涵，为班级精神提供了有力的支撑。

归纳模式与演绎模式各有各的特点，但二者的区别也不是绝对的，班主任在班级文化建设实践中应根据班级的实际情况，灵活选择班级文化建设模式，切忌生搬硬套。

（二）班级文化建设的培育

文化是通过具体的文化载体来呈现、传播、继承和发展的。班级文化建设要充分利用好各种文化载体，通过不断开发、建设和利用文化载体，发挥其积极作用，促进良好班级文化的形成和发展。同时，班级文化也是在集体活动和交往中形成的，因此，要通过组织和开展大量的班级活动来建设班级文化。

1.营造班级阅读氛围

苏霍姆林斯基曾说过："学校应当成为书籍的王国，要天天看书，终生以书籍为友，这是一天也不能断流的潺潺小溪，它充实着思想的江河。"而在我国目前的中小学中，由于"应试教育"状况还未得到根本性改变，学生的主要精力仍放在考试科目上，钻研教材、教参和习题占据了学生的绝大部分时间。调查发现，中小学生比较喜欢读影视、体育、时装和爱情婚姻类报纸杂志，以及言情、武侠、卡通漫画和科幻小说等文学作品。很多学生讲起金庸、古龙、琼瑶、韩寒和郭敬明来如数家珍，但认真读过中外文学经典名著的，或是熟悉现当代名家名作的却寥寥无几，娱乐和消遣成了阅读的主要目的。

（1）向学生推荐优秀书目

向学生推荐优秀读物，使他们能够及时接触经典名著，引导他们走上正确的人生道路。向学生推荐健康、积极向上的著作，展示人类生活的美好前景，能够鼓励他们热爱生活，激发他们的创造力和想象力。

（2）引导学生自主阅读

开展文学经典名著阅读，教师的引导至关重要。班主任应与语文教师商议，将课外名著阅读纳入教学计划当中，不能随意和草率。每学期开始，师生共同商讨、制订阅读计划，规定阅读书目的范围和数量。计划的制订要考虑学生的个体差异，制订最低的阅读标准，当然还要考虑到对学生阅读效果的考核和评估，对完成好的要给予奖励和表彰。

（3）定期召开读书汇报

《学记》云："独学而无友，则孤陋而寡闻。"孔子说："三人行，必有我师焉。"同学之间经常交流阅读内容和心得，对激发阅读兴趣，提高阅读效率大有好处。让学生用简明扼要的语言把自己近期的读物介绍给同学，谈谈自己的读书体会，或复述或背诵部分精彩的片断。让学生在和谐、宽松的氛围中尝试着用属于自己的语言来评说作品，畅谈读书体会，让读者与作品的情感自由碰撞，让读者与作者的心灵直接对话，让学生在获得对作品更深层次理解的同时，精神境界得到提升。

2.营造班内艺术氛围

艺术是人类文明的重要组成部分。随着信息时代的到来，艺术不再局限于传统的剧场、戏院、音乐厅、美术馆，而是更为广泛地进入电视、电脑、网络等大众媒体，成为现代人日常生活和学习不可分割的部分。越来越多的人文学者、科学工作者和工程技术人员尝试从艺术中吸取灵感，将艺术的思维方式渗透到自己的工作和研究当中。艺术的感受、想象、创造等能力，已成为现代社会需要的综合型人才所不可缺少的素质。

（1）艺术活动的现实价值

艺术活动主要包括音乐、美术、戏剧、舞蹈以及影视、书法、篆刻等艺术形式和表现手段。通过开展各种艺术活动，使学生不断获得基本的艺术知识以及艺术的感知与欣赏、表现与创造、反思与评价、交流与合作等方面的艺术能力，提高生活情趣，形成尊重、关怀、友善、分享等品质，塑造健全人格，使艺术能力和人文素养得到综合发展。

（2）如何营造班级艺术氛围

1）转变教育观念。在"应试教育"下，很多班主任最关心的是学生的"升学率"，认为开展班级艺术活动占据了学生大量的学习时间，会影响"升学率"的提高，是得不偿失的不务正业的事情，他们不支持甚至阻止学生开展相关的活动。这严重影响了学生艺术修养的提高，阻碍了学生身心全面健康和谐地发展。在全面实施"素质教育"的今天，班主任必须与时俱进，转变教育观念，在班级文化建设中，结合班级学生的实际，组织学生开展丰富多彩的班级艺术活动，丰富学生的班级生活，提升学生的艺术修养。

2）积极开展丰富多彩的班级艺术活动。在班级文化建设中，班主任要结合艺术课程的学习，充分利用和创造各种有利条件，并结合学生的生活经验和社会文化资源，为学生提供生动有趣、丰富多彩的内容和信息，开展诸如经典歌曲传唱、绘画、舞蹈、戏曲、书法、经典作品赏析、地方传统手工艺等艺术活动，鼓励学生开展体验性、探究性和反思性艺术活动，营造艺术氛围，拓展艺术视野，培养艺术才能，提高学生的综合素质。

3）加强对班级艺术活动的指导。艺术活动不论从活动内容还是从表现形式上看，都存在高雅与庸俗、健康与不健康之分，学生往往由于知识经验的局限，不能做出正确选择。因此，班主任必须与艺术课程的教师一道，加强对班级艺术活动的指导。班级艺术活动开展要做到：

适合学生身心发展水平，从其兴趣、需要、情感表达、人际交流等方面进行考虑，不同年龄阶段选择不同的内容和形式，以激发学生的激情。

选择积极、健康、向上的内容，激励斗志，催人奋进，丰富学生的精神生活，形成健康的审美情趣，进而使学生建立正确的人生观、世界观和价值观。

4）为班级艺术活动的开展提供便利条件。为班级艺术活动提供人力、物力、时间、空间等方面的便利条件，使之得到有效开展。

5）充分利用家长和社区资源。营造班级艺术氛围不能闭门造车，而要对家长和社区开放，形成艺术教育的合力。利用有艺术专长的家长和社区人士为学生做专题讲座、示范，甚至直接指导学生的艺术活动开展。

第四节　班主任工作管理与评价中的艺术

一、班主任工作管理的含义

班主任工作的管理是学校工作的重要组成部分，这种管理的成效，能使班主任工作井然有序，能使班主任素质得到提高，能使整个学校面貌不断发生积极的变化，能使教学工作顺利开展，能使学生进取向上、健康成长。班主任工作管理的重要性是否有足够的认识，管理是否得当，班主任精神面貌是否焕发，是一所学校办学水平的体现。班主任工作局限在维持秩序的范围，只在学生的日常活动中使用班主任，恰恰是对班主任工作管理的意义和内容认识模糊的一种反映。对班主任工作的管理，基本点应着眼于使学校的班主任工作形成客观的运行机制，使班主任工作有序、有为、有力、有绩。从这一认识出发，班主任工作的管理有以下的意义。

（一）学校工作发展的需要

学校工作是在统一的目标前提下全方位的工作。其作用是多方面的，呈多元的状态，而各项工作又都有着密切的联系，即为了一个目标，各自发挥着应有的作用。当这些作用都能够积极发挥的时候，学校工作就能够稳步地、健康地向前发展。学校班主任工作本身就在学校中占据重要的地位，它与教务工作、思想教育工作、校外工作、学校建设工作、课外工作、文体卫生工作、总务工作，以至与学校教育的改革都有密切的关系。班主任工作既是学校整体工作的基础，又是学校工作的保证。班主任工作的科学管理，能使这种"基础"更稳固，也能使这种"保证"更有力，因而也能使学校工作更好地发展。

（二）保证学校工作的协调和有序

学校工作是以班级为单位的，而学校各个班级又是在统一的目标下，各自活动的。由于学生的状况、班主任的状况以及其他因素，在学校中班级活动的发展水平、发展状态会有所不同，而学校对学生的要求却是统一的，协调一致的。班主任工作的管理，能够起到调整、督导、激励的作用，使每个班级的活动正常、实现教育目标的轨迹清晰、学生的表现状况良好。这样学校的整体工作才能够做到协调、有序和共同前进。学校的班主任工作管理是对班级工作正常运作的有力的督导、调控手段，不论是出于主观或客观原因，班级工作总会出现这样或那样的问题，有与学校工作目标或学校整体工作相偏离之处。对这种偏离，只能靠科学的、严格的管理手段加以调节。学校对班主任工作的管理，在日常工作中这种意义是很明显的。

（三）促进班主任素质的完善和提高

班主任所承担的工作任务，最终完成的质量如何，取决于班主任整体素质。

如何使班主任充分发挥主动性、积极性，如何使班主任真正尽到责任，如何使班主任提高工作质量，如何使班主任提高理论修养与师德修养，这些都要靠班主任工作管理去解决。班主任整体素质的提高，意味着班主任工作水平的提高，当然也意味着班主任工作管理水平的提高。通过对班主任思想教育，使班主任提高思想水平，这样班主任才能热爱本职工作，竭尽全力去搞好班主任工作。通过对班主任的培训，使班主任提高教育理论水平，就能使班主任工作具有科学性，能使班主任按教育科学规律教书育人。通过对班主任工作激励和调控，又能使班主任积极进取，发挥创造性，使班级工作正常发展。通过对班主任工作的评价和各方面对班级工作的反馈，能使班级工作把握正确的方向，使班主任能认真总结经验教训，不断地推进工作。

一个学校是否被社会所认可，有没有生命力，关键在于其培养出的学生是否合乎质量规格。培养出合格的学生，既需要学校其他方面工作的正常运行，也要有班主任工作过程的质量管理。这种"质量管理"既是对班主任的工作的直接要求，也是对学生的质量分析、检查和评价。因此，班主任工作的管理，又是通过学生的质量反映出来的。当然，学生的质量取决于学校多方面的工作，也取决于班级任课教师。但这各方面的因素，都要有班主任工作的保证并在班级面貌中得到反映。通过班主任工作的管理，学校领导可以把握学生的质量状况，直接对学生提高质量给予指导。所以学校对班主任工作管理科学化、制度化程度越高，越容易对学生实现合格的质量标准起到更大的作用。

加强班主任工作的管理，既是学校领导理论修养水平的体现，也是学校领导领导艺术水平的体现。优秀的学校领导者，不仅善于抓好教务工作的管理，同时也善于抓好班主任工作的管理，使二者相辅相成，相得益彰。班主任工作不到位，班级集体松散，学生精神状态不佳，也很难使教务工作顺利进行。

二、班主任工作评价的根本目的与作用

班主任工作评价的内容是评价班主任对工作任务的履行情况。班主任工作的评价是由学校领导、学生、学生家长、其他教师及学校有关部门进行的。这些方面的评价是从各自的角度来评定班主任工作任务的履行情况，而形成总体评价的

结果是学校领导者。忽视这些评价"方面"，会影响对班主任的全面了解与评定。而这些评价"方面"又往往是局部的，缺乏全面性，所以学校领导者依据各个方面的评价做出的评定才是科学的评价。对班主任工作的评价的目的是为了对班主任工作实行科学的管理和统一的要求；也是为了总结和推广班主任工作的经验和及时发现班主任工作中的问题；又是为了调控班主任工作，使班主任工作不断达到新水平。评价班主任工作另一目的是对班主任工作进行考核、评定优劣。这一切总归起来，评价班主任工作就是为了调动班主任工作的责任心，促进班主任工作取得更完好的效果。

班主任工作的评价，对学校班主任工作具有重要的意义和作用，主要体现在以下几个方面。

（一）导向作用

学校评价班主任工作是按着学校既定的目标，以学校班主任工作计划为依据的。因此肯定的评价具有导向作用，否定的评价具有匡正的作用。实际上通过评价能够引导班主任树立正确的教育思想和质量观念，也使班主任明确班级工作的目标及应该采用的教育手段。调节作用对班主任工作的评价，必然要以目标和规范为准绳，诊断班主任工作的成功和不足，也会发现班主任工作中的问题。这种工作中的问题和不足是任何班主任都可能有的。这就需要加以调节和解决。在班主任工作评价中，又会发现属于学校管理方面的问题，或者是管理失当，或者是制度失准，或者是协调不够，这也需要加以调节和解决。所以通过评价能够发现问题，能够为调节班主任工作找出依据，从而使班主任工作能够更顺利地开展。

（二）激励作用

在学校班主任工作中，每一名班主任负责一个班级的工作，各个班级又是"独立"活动的，看似各不相干，其实存在着竞争的因素。这种竞争常常是推动班级工作的一种驱动力，对于每一名班主任这都是必要的，要引导强化的。评价班主任工作，会对这种竞争起到"助燃"的作用，而且有时候这种燃烧力还是很强的。在评价中受到肯定的班主任，能够引发其他班主任的赶超意识，这就推动了竞争。在评价中受到肯定的班主任又会为保持领先而再做努力，能够引发出更强的内驱力。通过评价使班主任内在的活力得到激发，工作积极性得到调动，竞争的意识得到增强，这样就达到了评价的激励目的，起到了评价的激励作用。

（三）鉴定作用

对班主任工作的评价，是对班主任工作做全面的考核评定，它既是对班主任工作的概括性描述，也是对班主任工作的鉴定。这种鉴定是对班主任工作态度、业绩、失误及其他方面的"总结性"的评价。因此，它不仅能使班主任正确全面地认识自己的工作，更重要的是，这种鉴定是对班主任考核、奖励、聘任、职称评定、晋升等的依据，也是处分、解聘等的依据。

三、班主任工作评价的基本内容

任何评价都要把握一定的内容，并以此为基础制订评价标准，把不准内容，没有标准，评价就成为随意性的行为。班主任评价标准，应该体现班主任工作的准则、规范和学校对班主任工作的要求。这种标准是对班主任工作目标进行分类分解之后，制订的符合评价原则的规定。评价标准的规定，一般都具有评价的可行性，即能测量或比较，可依此作出评价的结论。

教育评价的标准，一般由三部分组成，对班主任工作的评价，也可由以下三个主要部分组成。

第一是班主任工作的效能标准。效能标准由效果标准和效率标准构成，前者是指班主任工作成果，如班级集体的面貌、学生的表现状况、班级管理的成效、班主任其他工作成果等。后者是指班主任办事效率，即在一定时间内的工作任务完成的情况。

第二是班主任的职责标准。即班主任的职业态度、工作计划实施、对班级各项工作是否尽职尽责、各项工作业绩等。

第三是班主任的素质标准，即班主任是否具有承担班主任工作应具备的素质，其具体内容是班主任政治思想、职业道德、业务能力、心理品质、身体状况等。

评价班主任工作的这三方面的标准，是班主任在整个工作中体现出来的具有可见性、可测性、可比性的表现。三方面是相对独立存在的，但又是相互统一的，因此在评价班主任过程中这些内容往往是相互渗透、相互依存、不可分割的。班主任工作的评价标准要有一定的高度和深度，从主旨上要体现时代的要求，要有符合社会发展要求的新精神；从与整个学校工作的关系上要体现学校工作目标、体现班主任工作的目标和方向；从内容范围上要体现有利和保证促进学生健康和谐发展的各方面的要求；从精神上要有激励作用，体现调动班主任积极性的要求；从操作上要有可行性、体现具体实在的要求。

制订班主任工作评价标准，总的精神应是成熟的、先进的、引发班主任积极向上的。或是说，评价标准就是班主任的奋斗方向，就是做一名优秀班主任的要求。制订班主任评价标准，不能是空泛的、无法测量和无法比较的，也不能过于具体、项项都追求所谓量化。

（一）校际间班主任工作职责的评价

评价班主任履行工作职责，主要从以下几个方面。

1.班主任要对学生进行思想教育、政治教育、道德教育、心理健康教育。评价这些教育的内容、实施状况、教育的措施、教育的频度、教育的效果和教育的创新。

2.班主任指导学生学习。考查指导学习的内容、指导学习的状况、指导学习的措施、学生提高学习质量的表现。

3.班主任对学生进行体育、卫生、劳动教育。考查教育的内容、活动的安排、教育的措施、学生这几方面的表现。

4.班主任指导学生课外活动；指导学生发展爱好、特长；指导学生参加社会实践活动及公益活动。考查指导的具体内容、活动的安排、指导的措施、学生的表现。

5.班主任对班级的管理，指导班级集体的活动和社团活动。考查班级是否团结友爱、朝气蓬勃、积极向上，班级集体的面貌，班级集体在各项活动中的表现，班级内团、队及班委会活动的开展及威望等。

6.班主任与科任教师与学校其他部门的协调。考查协调状况，听取科任教师与其他部门的反映。

7.班主任的工作计划、工作总结，学生的操行评定及班主任为学生服务的工作。考查班主任工作计划、班级工作总结的质量、履行计划情况，学生操行评定准确与规范情况，关心学生、为学生服务的情况等。

8.班主任对问题学生的教育和转化工作。考查班级问题学生的现实状态及以前的表现、班主任转化问题学生的方式和渠道。

9.班主任对学生进行社会信息教育和适应社会能力的教育。考查教育的内容、活动渠道和方式，学生对待重要社会信息的反应以及社会活动的能力。

10.班主任联系家长、联系社会、形成"教育合力"的工作。考查联系的方式、教育合力的形成、社会对班级工作的协调与支持等。

（二）校际间对班主任工作业绩的评价

对班主任工作业绩的评价内容，主要是从以下三个方面来设定。

第一，班级集体的建设。这是班主任业绩体现的一个重要方面。主要考查：

1.班级集体是否有明确的奋斗目标，班主任与学生是否都有明确的目标意识和实践目标的作为。

2.班级集体是否形成舆论队伍、正面舆论的强弱。

3.班级集体是否形成领导核心和骨干队伍，团、队与班委会的关系是否正常。

4.班级集体的活动是否丰富多彩，学生参加活动的积极性与主动性。

5.班级集体是否形成良好的班风，学生能否自觉遵守"学生守则"和"行为规范"。

6.班级集体是否团结友爱，令行禁止。

7.班主任在班级集体中的威望。

第二，班级学生德、智、体、美、劳等方面的表现。主要考查学生德、智、体、美、劳等方面的表现及发展水平。也要考查学生这五方面的发展是否平衡，有无偏颇以及发展过程和状况，是否达到应有的水平。学生这些方面的表现是班主任工作的核心问题，也是评价班主任业绩的主要方面和重要标志。学生的这些方面的表现，有的是通过量化表现出来的，如考试成绩、体育达标等；有的是通过观察、比较，通过学生行为反映出来的。对后者的评价，应该更仔细、更全面，要做更多的观察、听取更多方面的反映。

第三，班主任围绕班主任工作取得的其他突出成绩。这也能体现班主任工作的业绩，应列为对班主任工作业绩评价的标准。如，班级获得的荣誉称号、班主任获得的荣誉称号、班主任在某种会议上的经验交流、班主任发表在一定级别的刊物上的科研论文和出版的著述等。

（三）校际间对班主任素质的评价

班主任素质决定班主任工作的业绩，是做好班主任工作的基础和条件。班主任素质对班主任工作是一种持续性的"作用"因素，也是班主任工作创造性的潜在因素。班主任素质评价标准很难量化，因此评价班主任素质，主要是从工作业绩、工作的态度、工作能力和水平来考查和判定。评价班主任素质，往往评价者的主观因素起很重要的作用，所以评价者必须力求客观、公正、实事求是。评价班主任的基本素质，应从以下几方面来把握标准。

1.班主任的敬业精神。考查班主任对担任班主任工作的态度，是否主动、积极；对学生的态度，考查是否热爱学生，是否按正确的教育方向培养和教育学生；对工作的态度，考查是否认真负责，是否不断开拓进取、兢兢业业。

2.班主任的新型智能结构。既具有深厚的专业知识，又具有广博的知识面，并要有教育理论的修养和较为娴熟的育人能力和艺术。考查班主任的专业知识，考查班主任的知识面，特别是接受新的社会信息的状况；考查班主任教育理论的程度（对教育学、心理学和班主任理论的掌握和运用）；考查班主任的科学研究的能力；考查班主任从事班主任工作的能力（观察能力、表达能力、分析解决问题的能力、文字能力、创造性工作的能力、人际交往、社会活动的能力、把握学生的能力、教学能力）等。

3.班主任的社会觉悟与职业道德。考查班主任的社会责任感、政治思想觉悟、遵守职业道德的表现、团结同事善于做好各方面协调工作等。

4.班主任的心理素质。考查班主任的意志品质、自我心理调控能力、良好的道德感、正确的审美意识、稳定的情绪、克服困难的勇气、自觉的行为目的和动机、朝气蓬勃和高尚的人格等。

四、班主任工作评价的具体方法与步骤

（一）班主任工作评价中常用的方式和方法

1.工作考查评价法

这种方法是由主管班主任工作的学校领导掌握的。即根据班主任工作计划要求、根据学校部署的班主任工作、根据班主任职责表现、根据学生的表现等，考查班主任的日常工作。这种考查是针对班主任工作的全部内容并随时进行的，因此基本可以反映班主任工作的状况，能比较客观地评价班主任工作。对班主任的工作考查又是有目的进行的，有时是针对某项活动，考查班主任的工作；有时是针对日常工作，考查班主任的平时工作情况。这种考查可以预先告知班主任，也可由主管领导在不通知班主任的情况下进行。考查要有重点记载，并写明考查的方式、时间、地点、考查对象等。

2.他人评价法

除了班主任自我评价之外，其他评价均可列为他人评价。上级对班主任的检查评价、鉴定性评价、认可性评价、专家评价、同行评价、社会评价（社会有关部门）、家长评价、学生评价等，都属于他人评价。其特点是比较客观，如能综合运用以上各种评价，又能比较全面和深入。他人评价一般又有两种内容，一种是广泛的评价，一种是针对性的评价，二者均可为学校领导者提供评价的材料和依据。

他人评价是班主任工作评价的重要部分，也是在评价班主任工作中不可缺少的。但领导者要注意他人评价的"主观"成分、"从众"成分、"成见"成分。对此要加以引导和使参与评价者真正把握评价标准，真正能体现公道。并且在重大的关键问题上，领导者要深入下去，以求得出公正的结论。

3.分析评价法

分析评价法有两个含义：一是把事物分解，分别予以考查；二是对事物进行分析比较，求根溯源，以求得出正确的结论。把事物分解是依据评价的标准对评价内容分解为几个方面、几个项目，分别予以评定，以求得出比较客观的评价。比如对学生的质量进行分析，就可以把学生质量分解为德、智、体、美、劳几个

方面，再逐一进行分析，甚至可以把这些方面再分解为若干个项目，进行更细致的分析，这样的分析结论往往是很客观和准确的。

4.综合评价法

对事物的认识离不开"综合"。假如"分析"是把事物"分解"的话，那么"综合"就是把事物各个部分、各个因素、各个方面统一起来考查。所以说"综合"是分析的深入和继续，是分析的结果。对班主任工作综合评价，一是对班主任各方面的情况，如工作态度、工作业绩、工作成果等"综合"起来，以此来评价班主任；二是对班级某一个活动，从学生的表现状态、进行的方式、教育影响的程度等来对班主任的工作进行"综合"评价。这两种综合评价的方式，在评价班主任工作中都是要运用的，其特点是从大量的信息中得出评价的结论。另外，"综合"与"分析"是分不开的，综合离不开分析，分析的归宿点是"综合"，否则就难以得到应有的评价结论。

5.自我评价法

自我评价是由班主任"自我"进行的，这种评价依然是依据"标准"进行。其特点是，班主任自身既是进行评价的主体，又是被评价的客体。自我评价能调动班主任的自我完善的能动性，自我评价的过程也是班主任加强自我认识、自我教育的过程。班主任进行自我评价，能够较全面地利用信息，对自己工作中的动机效果，成败得失，都能有较准确地把握。同时，班主任自我评价有利于系统地反思自己，有利于对自己的重新认识，所以又能够形成一种推动自己的动力。自我评价也有利于减少评价活动中不正常的干扰因素，压力小，也能够减轻紧张感。自我评价的缺点是，主观因素多，受个人整体水平制约，可能使评价欠深刻。

（二）班主任工作评价的具体步骤

班主任工作评价的步骤是指评价班主任过程中实施的程序，一般用于对班主任工作的阶段性评价和总体评价。评价的实施要理解为是一个过程，而不是孤立的工作。这样才能保证评价的准确、客观、有说服力。这项工作首先是搜集信息，其步骤是：

第一，要建立评价班主任工作的档案（其中包括对学生的考核情况），按规定的内容，由专人搜集填写，这也是对班主任工作考查的记载。

第二，定期检查班主任计划的执行情况，并要有检查记载。

第三，对班级活动的不定期检查，由领导者在深入班级工作中获得。如参加班级的主题班会，参加班级的某项活动，了解班级管理情况、活动的情况、班主任的工作能力等。

第四，定期和不定期地召开学生座谈会、家长座谈会、任课教师座谈会等。

第五，班主任的汇报材料及各种总结材料，以及有关班主任的资料（经验交流、科研论文等）。

班主任工作评价的具体实施步骤是：

第一，在评价班主任时，要求班主任进行实事求是的自我评价，内容要求有观点、有材料、有分析、有自我评价结论。对这种自我评价，学校领导者不但要有具体要求，还要进行具体指导，不仅要把这一步骤看作评定的一个环节，更要看作是教育提高班主任的具体活动。

第二，学校领导阅读班主任工作档案，以及平时搜集的班级工作的各种信息，对班主任进行一次深入的认识和了解。这就要求平时的各种资料齐备、完整，也要求领导者认真阅读并分析综合评价意向。

第三，学校有关领导人，在掌握材料的基础上，依据标准给予班主任合适的评价。

第四，有必要的话，可把学校领导的评定意见，在一定范围内征求意见，包括向本人征求意见。

第五，确定评价结论。这种结论最好是描述性的，这样有益于反映班主任的比较具体的情况和评价的结论。

第六章　课堂教学组织的艺术

第一节 课堂教学设计艺术

一、有机结合三维教学目标

所谓三维教学目标是指知识与技能目标，过程与方法目标，情感、态度与价值观目标。三者应该是有机结合的整体，不可机械地分割。教师应该把对学生能力的培养和态度的发展融于学习知识的过程中，不能单纯追求教学方式的转变而忽视教学的有效性，也不能狭隘地理解教学的有效性，而只单纯地强调知识与技能。

因此，在突出课堂教学设计的过程中，教师应该把握好三维教学目标之间的关系，使其在课堂教学过程中起到导向、激励、凝聚和调控的作用，使课堂教学真正驶入一条高效的轨道。

（一）以"知识与能力"为主线，渗透"情感态度与价值观"

新课标指出："努力改进课堂教学，整体考虑知识与能力、情感与态度、过程与方法的综合，提倡启发式、讨论式教学。"这段话为课堂教学效率管理指明了方向，也为高效课堂给出了一个明确的界定。

1.学科的素养培育，体现三维教学的高效

课堂效率管理的目标之一是全面提高学生的学科素养。通过义务教育，学生应该具备基本的学科素养，而基本的学科素养内涵应该是丰富的。课程目标必须根据三维教学目标来设计展开，明确地把三维教学目标融入各学科素养的培育中。

在三维教学目标的课堂效率管理中，素养培育是重要方面。学科素养是体现技能的核心，是知识赖以生存的载体。因此，体现三维教学目标的有效性，就必须着眼于学科素养的培育。

2.三维教学目标的整合，实现高效的课堂效率管理

新课标的课程目标要求教师根据三维教学目标来设计，因此，能否将三维中

的各方面巧妙地相互渗透、融为一体，成了实现课堂效率管理的关键。

三维教学目标的高效不是体现在把三个维度简单地叠加，而是要做好三个维度的巧妙整合。在"突出过程设计，向优化教学过程管理要效率"时，应以"知识与能力"为主线，充分渗透"情感态度与价值观"，才算是一个完美的课堂效率管理典范。

（二）实行有效教学，落实三维教学目标

在新课程改革的实施过程中，教育工作者思考和谈论的热点之一就是"三维教学目标"。在这方面，一些教师借用数学和物理学上的"三维空间"这个词语来形象地描述"知识与技能""过程与方法""情感态度与价值观"这三方面的目标，比较科学地表明了三者之间既相互独立又有机结合的关系。

1.落实三维教学目标的基础是"知识与技能"目标

"知识与技能"目标是认知领域的目标，它既是课堂教学的终结性目标之一，又是学习新的知识与技能的重要基础。

假如把整个课堂学科素养的培育比做一座大厦，由高效的三维教学目标构成，那么"知识与能力"就是大厦的基座，"过程与方法"和"情感态度与价值观"就是上层建筑。只有基础稳固了，课堂学科教学才不会动摇，才能实现高效的课堂效率管理。

任何目标的实现都是在学生获得知识经验和掌握基本技能的过程中形成的，这一目标的完成程度直接影响着学生未来学习的情感与态度，以及学生在过程与方法中的表现。反之，没有学生积极的情感与态度的参与，没有过程与方法的牵引，就很难实现"知识与技能"这一目标。

因此，三维教学目标在课堂教学中的落实，是课堂效率管理的主攻方向，它能否尽快取得成效，取决于广大教师能否实施好三维教学目标的第一步——"知识与技能"目标。

2.落实三维教学目标的阶梯是"过程与方法"目标

学生在"知识与技能"学习的活动中经历过程，获得方法，体验情感，反过来又用这样的本领去进一步学习新的知识，经历新的过程，获得新的方法，体验新的情感，解决新的问题。同时，以"情感态度与价值观"为动力，依赖已具备的"知识与技能"为基础，为进一步升华"情感态度与价值观"，形成新的"知识与技能"发挥着必不可少的重要作用。

而要想获取新的"知识与技能"，形成新的"情感态度与价值观"，就必须通过相应的"过程和方法"，使学生在体验成功的喜悦中去逐渐建立和形成。这一不断往复的过程，充分体现了教师的课堂效率管理能力。

（三）三维教学目标实现的重要环节

三维教学目标是教学活动的灵魂，是每堂课的方向，是判断教学是否有效的直接依据，是提高课堂教学效率管理的关键所在。所以，教师在教学中既不能弱化过程与方法、情感态度与价值观的目标，也不能轻视知识与技能的掌握，要树立"三维目标效益观"，使课堂真正走向实用高效之路。那么，三维教学目标在课堂中应该如何实现和体现它的高效呢？

1.在学习的过程中实现

在课堂教学中应该努力使学生通过自主学习、探究学习和合作学习来"获得知识技能"，"发展情感与态度"，"培养探索精神和创新能力"。

自主、合作、探究三者应该是有机结合的，高效的课堂要以学生为中心，使学生成为学习和发展的主体。通过这样的学习方式，学生在学习的过程中就会有情感投入，获得有效的情感体验，从而有利于学生良好价值观的形成，同时，也发展了学生的能力，使其知识、文化和技能得到有效的积累。

2.在指导过程中实现

新课标是以学生的"学"为基础提出来的，淡化了教师的主导地位，但在实际操作中教师绝不应该是袖手旁观者。

学生的认知能力、知识水平有着很大的不同，要真正实现三维教学目标的高效，少不了教师的参与和指导。教师除了要积极指导学生的学习过程，给他们寻找恰当的学习方法外，还要注意区别不同学生的能力和知识水平，加以及时的必要的指导。

只有在指导的过程中和指导的基础上，激发出了学生的情感体验，丰富了学生的知识，发展了学生的能力，这样的三维教学课堂才算是真正高效的。

3.在实践的过程中实现

实践活动是学生自主、合作的学习过程，是他们掌握知识、培养能力的有效途径。在实践活动中，可以使学生的情感得到体验和升华。

因此，课堂教学过程，不应该只是学生的学习过程和教师教学的组织过程，更应该是学生的实践过程。教师要注意学生实践能力的培养，在培养实践能力的过程中使三维教学目标得以实现。

4.利用课程资源实现

课程资源包括课堂教学资源和非课堂教学资源。课堂教学资源是按照三维教学目标设置的学习目标和学习任务，而非课堂教学资源包括图书、杂志、报纸、电视电影、网络和校园文化、社区风俗、人文精神、国际国内大事、文物古迹、自然景观、家庭生活等可供利用的课内外学习资源。

教师在引导学生开发和利用课程资源的时候，要指导学生采取适当的学习方式，注意个人的情感体验，以获取知识和能力的发展，从而实现三维教学目标的高效。

三维教学目标是相互联系、相互渗透的整体，是学生在学习活动中实现素质建构的三个侧面。因此，课堂教学效率管理应该全面关注三维教学目标，并将它整合于统一的教学活动过程中。

二、课堂教学结构的优化

课堂学习过程是头脑中知识不断建构的过程，只有简洁明快、迅速切入主题的课堂结构设计，才能使学生的课堂学习更为有效。

结构是指各个组成部分的搭配和排列。课堂教学结构是指在一定的教育思想的指导下，为完成一定的教学目标，对构成教学的诸因素在时间、空间方面所设计的比较稳定的、简化的组合方式及其活动程序。

课堂教学结构是否优化直接关系到一节课的教学目标能否完成，以及能否调动学生的学习积极性。课堂教学结构是随教学目标、教学策略、学习评价的不同而随时变化的。课堂教学结构是否合理直接影响着课堂效率管理，因为学生的课堂学习过程是头脑中知识不断建构的过程，只有简洁明快、迅速切入主题的课堂结构设计，课堂效率更高。

（一）课堂教学结构优化的法则

事物结构的和谐便是形式美。和谐的事物结构总会给人不同程度的美感，课堂教学结构也不例外，一个遵循美学法则的教学结构设计必然会给学生留下深刻的印象，从而提高课堂效率。

简单事物结构的和谐性是一种朴素的和谐——事物外在结构的和谐，它容易在瞬间直观中被把握；而复杂事物结构的和谐则是一种更深刻的和谐——事物内在结构的和谐，它需要教师在深刻体验中加以把握和不断提升。

课堂教学结构作为教和学在动态中的组合，包括了多种复杂的要素。优化课堂教学结构，使之具有高度的和谐性，其关键是这些要素之间的有机联系必须符合若干美学的法则。

1.完整性法则

完整是指事物保持它应有的各个部分，没有残缺不全的现象。同样，从整体而非分离的水平上来把握教学过程，是达到课堂教学结构和谐性的第一步。

2.有序和波动性法则

事物运行、发展的各个阶段都具有合理的时空间隔和有规律的变化，这被称之为有序和波动性。事物结构的有序和波动性能给人心理上带来一种美的感受。因而，高效的课堂教学也应当是一个有序与波动相结合的过程，只有有序才能使教学过程在结构上显得清晰明确。

教学是一项十分复杂的活动，不可能简单地推进。在教学中，教师的教与学生的学都会在一定程度上存在矛盾冲突，而适宜的矛盾冲突可以增加教学的活力。若回避矛盾，掩盖冲突，课堂教学就会流于平淡。

因此，使教学结构达到一种有序和波动性的美学法则，是作为优秀教师在课堂效率管理中所必须具备的能力之一。

3.多样统一性法则

多样统一性不仅反映了客观事物矛盾统一的运动发展过程，而且与人的感觉和心理需要相宜。在美学中，多样统一性被看成最高形式的法则。因此，和谐高效的课堂教学结构不仅要具有完整性、有序性与波动性，还要在此基础之上实现多样统一性。

教师应该遵循的是：任何多样活动的事物都只能是围绕着某个主旨来展开。这样才能变动有常，不至于失去美感和效率。

（二）知识运用能力的训练

运用能力是检验课堂效率管理是否有效的一个重要手段。知识的运用根据学科的不同，表现出不同的形式，如听、说、读、写的操练，语言信息的输入输出，信息的收集整理，绘画，实验，制作，等等。因此，教师必须把学生置于训练知识运用能力的活动中去感知、分析、理解和运用知识，以期创设一个高效实用的课堂环境。

1.创设自由的语言环境

任何学科的课堂都离不开语言交流这一环节，要使学生的学习走向自由高效的王国，语言环境是非常重要的。自由的语言环境包括硬环境和软环境。所谓"硬环境"，就是指在教室内设置墙报、标语、画刊等；在课堂外，开办"学习角"，强化知识与现实事物的连接，以此体现一种知识的实用氛围。所谓"软环境"，就是指师生之间、同学之间，在课堂内随时运用所学知识，运用挂图、投影、多媒体课件等创设生活情境等。

2.提高知识的运用能力

学习知识的最终目的是运用。没有运用，课堂教学就没有效率可言，因此在优化教学结构中教师必须考虑训练学生的知识运用能力。

当生活中一些熟悉的画面再现在学生面前时，他们自然会情绪高涨、跃跃欲试。这种知识性、趣味性相结合的训练，可以使新旧知识融会贯通，使书本知识交际化，课堂活动生活化，在这种"润物细无声"中，自然就会实现高效的课堂管理了。

（三）课堂教学结构优化的重要环节

课堂教学是学生获得知识和培养能力的重要途径之一。那么，如何充分调动学生的学习积极性和主动性，发挥他们的潜能，提高课堂教学效率呢？优化课堂教学结构是一个必备的手段。

教学结构主要由备课、上课、学生反馈等几个环节组成。这几个环节中始终有一个中心思想，即教师起了什么样的作用。教师应该是学生与教材之间的一座桥梁，指导学生把知识转化为才智，而这座桥梁的好坏取决于教师能否对教学结构加以优化。

一个良好的教学结构设计，能更好地引导学生掌握良好的学习方法，培养学生善于思考的习惯，提高学生分析问题、解决问题的能力。

优化教学结构，提高课堂效率管理，教师应该从组成教学结构的几个环节加以注意：

1.有效备课

什么是备课？怎样备好课？一节好课的标准是什么？这些都应该是教师实现课堂效率管理之初首先应该考虑的问题。

高效的课堂不是看教师讲得是否头头是道、风趣幽默，而是看学生学得是否积极主动、快乐高效；不是看教师讲了多少，而是看学生学了多少。这就要求教师在备课时要备好教材、做好课堂设计，等等。

（1）教材：教师既要深刻理解教材，掌握其知识体系，熟知教材中的重点、难点、疑点等，又要能够灵活运用知识。

（2）方法：不同的课要采取不同的教学方法使其获得最佳的教学效果，要努力摒弃填鸭式的教学方法，多采取能让学生参与进来的主动、灵活、高效的教学方法。

教师要善于利用各种教学手段，如多媒体互动、网络等现代教学手段，引导学生动口、动手、动脑，使每名学生都能积极思维，在自我表现和情感体验中获取知识与技能。

2.课前预习，课堂教学过程严密；课后巩固，查漏补缺

（1）设计合理的预习提纲

课前预习是优化教学结构、提高课堂效率管理的重要环节。教师不应该泛泛地局限在预习下节课内容的层面上，而是应该依据不同学生的认知水平，设计出适合所有学生的预习提纲，使其对每一名学生都具有启发性和适用性。

（2）安排合理的教学过程

首先，课堂教学过程的设计要细致严密，巧妙实用。哪些学生通过预习或阅

读教材能够自己解决的，应略讲或不讲；哪些学生理解较困难的，就需要教师详细分析，讲深讲透。

其次，各个知识点前后应设置哪些例题、练习题、思考题和课后作业，也要做到恰如其分。也可以考虑运用现代媒体开展辅助教学，提高教学效率。

（3）强化课后巩固和查漏补缺

课后巩固和查漏补缺也是课堂效率管理中不可忽视的一环，只有把学到的知识点巩固，把不会的及时加以补习，才能更好地进行下一节课的学习。为此，教师不仅要精选习题、精编习题，还要及时查漏补缺，使课后巩固和查漏补缺起到事半功倍的效果。

3.加强心理指导

优化课堂教学结构不可忽视对学生的心理指导。学生在学习上存在心理障碍，对学习产生惧怕、忧虑、惰性等心理是很正常的。如果教师忽视了学生的心理反应，那么课堂效率管理就有可能失败。

教师要尽可能地教会学生构建学科的知识结构，发展他们的综合能力，克服心理障碍。如将知识系统化、整体化，以简驭繁，以点带面，归类对比知识点之间的联系和区别，诱导、启发学生的思维。

教师要多从学生方面着眼，给予学生更多独立学习、探索发现的机会。在教学中要善于洞察学生的心理需求，理解学生，引导学生改正学习中的不良习惯，激发他们的自信、自立意识。

总之，优化课堂教学结构在课堂效率管理中显得格外重要。教师应该遵循以下四个原则：

第一，课堂组织要简洁明快，尽快切入主题。

第二，课堂结构要详略得当，依据学习内容采取不同的教法和学法，及时调整教学思路。

第三，教学内容要重点突出，注重知识的结构联系，以及教材内容的呈现方式。

第四，教学媒介要相得益彰。制作课件要根据教材特点和学生实际的需要，不要盲目随从，不能赶时髦、走形式。

优化课堂教学结构，实现课堂效率管理，教师要从学生实际出发，按照他们认知和发展的心理特点进行总体规划，要把优化设计的着力点放在使学生学会学习这一目标上。

三、重难点的高效突破

从某种意义上来说，突出教学过程设计实际上就是突出重点和突破难点。因此，确立教学重、难点是教师教学结构设计的一个关键，也是课堂效率管理的关键。要确立重点和难点，就必须搞清楚什么样的知识是重点，以及学生学习过程中的难点是如何形成的。

（一）突破难点，引出重点

虽然在大多数学科的教学中，重点和难点是一致的，但由于学生的认知起点不同、教材内容不同又使得难点不见得就是重点。无论怎样，教师在教学时必须先突破难点，才有利于重点的掌握，这是毋庸置疑的。

1.突破难点要遵循大多数原则

学生在学习过程中形成难点的原因有很多，课堂效率管理必须遵循使全部学生都有所进步这一原则。要照顾到没有知识经验基础或者知识经验基础很薄弱的学生，原有经验或者知识错误的学生，无法形成思维视角转化的学生，对内容抽象、过程复杂、综合性强的内容不能理解的学生等。

不同学生面对的难点也会有所不同，教师只有非常了解自己的每一名学生，才能有针对性地加以正确的指导。反过来说，教师如果能够很好地使每一名学生都解决了自己的难点，那么学生对于新课中的重点就能更好地把握，间接地使课堂效率管理达到高效标准。

2.狠抓新难点，实现当堂解决的高效局面

教材中类似的问题不胜枚举，教师如果不去挖掘它们，只是照本宣科，就会使讲解停留于表面，缺乏在难点问题讲解上的深度和频度，使学生不能掌握难点问题，也就无法从容地面对新的知识，进而为下节课埋下新的障碍。日积月累，学生所面临的难点就会变得越来越多，直到无法解决。

因此，对新难点做到当堂解决是十分必要的，它也是提高课堂效率管理的基石之一。教材中提供解决难点的方法毕竟是有限的，而解决新难点的方法和形式是无穷无尽的。探索难点是教师大有可为的一个领域，只有尽自己所能去探索、挖掘，才能探寻到更多有效的"传道授业"的途径。

（二）围绕重点，引导学生展开多向思维、多角度分析问题

一般来说，教学的重点主要是带有共性的知识和概括性、理论性强的知识。具体到每个学科，重点虽然有所不同，但脱离不了核心知识、核心技能和核心思想方法这一框架。教师要依据这一框架将学科的重点加以归纳，在课堂上引导学生对重点加以强化，使他们能够围绕重点展开多向思维，从多角度分析问题。

1.以"重点"为中心，指导学生

一般来说，现行的学科教材中都有重点提示，所以如何确定重点不成问题。那么，既然是重点，就得另眼看待，不能混同于一般的知识点，特别是在课时紧、内容多的时候，更要注意突出重点，才能更加高效地实施课堂效率管理。

2.围绕核心，优化学生认知结构

核心知识包括学科的基本概念、原理等，而核心技能主要包括语言技能、阅读技能、计算技能、实验技能和书写技能等，至于核心的思想方法则包括微宏观、运动观、分类观等重要观念。这些内容的学习和掌握不仅有利于系统掌握相关学科知识、提高应用能力等，同时对优化认知结构有非常重要的作用。

学科不同，知识重点也有所不同，但每个学科必有其核心知识点。作为教师，只有正确把握这一知识点，就能很好地引导学生加深对这一学科的认识，使他们的认知结构得到优化，从而实现教与学的顺畅，也就能很好地提升教学效率。

（三）突破重、难点的重要环节

重要的、难懂的概念、规律一直是部分学生学习的障碍，极大地影响了他们学习的兴趣和进取精神。如何消除这种障碍呢？建议教师们从下面几个方面做起。

1.讲究方法，注重实用

掌握了良好的方法，学生能够更好地发挥、运用自己的才能。教师讲课时要注重方法的实用性，使学生迅速有效地理解和掌握所学知识的重点、难点。如类比法是教学中常用的方法，可帮助学生理解一些难懂的概念、规律和方法。

有些学科有较强的规律性、逻辑性，学生容易混淆，造成记忆错误。教师应该引导学生借助规律记忆法，让学生学会推导，以摆脱烦琐的重复记忆。

2.抓关键，抓本质

不少学生在学习上往往花了时间却达不到效果，究其原因主要是对重点、难点的理解没有抓住关键和本质。

抓住教材的关键和本质是解决重难点的突破口，教师只有在课堂中引导学生对概念抓关键的"字"，对规律、定理等抓"条件、结论"，那么重点、难点的突破就会变得事半功倍，使课堂效率管理得到提高。

3.认识要全面，分析要细致

学生的归纳、总结能力差，对知识点认识不全、分析不细是突破重、难点"卡壳"的另一重要原因，这就需要教师平时注意培养学生这方面的能力。

对重、难点的理解，不能局限在教材上，要把教材吃透，把教材中的话题拓展，把抽象的东西具体化，在练习过程中加深理解。然后，在具体的练习中通过归纳、总结升华，从而做到对重、难点的全面认识和细致分析。学生只有通过练习、归纳、总结才能熟练掌握重、难点，使学习效率得到提升。

4.选题要有针对性

课题练习是理解，掌握重、难点的一种有效方法。在彻底摒弃题海战术的今天，教师对习题练习的选择要有针对性，否则，不仅不能提高课堂效率管理，还会影响学生对重、难点的深化理解。

因此，教师应该带着问题去找习题、编习题，只要让学生从每一个小练习中得到一点收获，一点启发，对他们来说就是一种促进、鼓舞，对培养其兴趣、打好其知识基础也有很好的促进作用。

5.动手操作，抓重点，破难点

学生一般抽象思维能力较差，在教学过程中要完成从感性到理性认识的飞跃是件很不容易的事，尤其是学习抽象的数理学科知识，突破重难点的困难就更大了。因此，具体形象的教学方式就显得尤为重要。在课堂上，教师应该尽可能多地为学生创设动手操作的教学情境，使问题的重、难点变得更加突出，让学生在切身体验中理解重点、突破难点。

6.针对重、难点，预设错误

教师在备课时，应该预设学生在学习过程中可能出现的困难，并在教学过程中以此为重点进行教学。但是，仅仅靠反复强调、讲解是不够的，教师应该尽量将可能出现的错误呈现出来，让学生通过专门进行"尝试错误"的活动，引导他们对重、难点进行比较、思辨，学会从"错误"中理解重、难点，进而突破重、难点。

7.用画图、多媒体课件等方式，让重点、难点显形

教材中有很多模糊的概念、定理或应用题等，这是教师最头痛的重、难点。现代教学手段越来越发达，教师可以借用幻灯片等多媒体来呈现重、难点，借用图画和影像使重、难点具象化，让学生对重、难点有一个直观的认识，从而为解决重、难点铺平道路。

提高教学质量的根本出路在于提高课堂效率管理，而突破教学中的重、难点是课堂效率管理的重中之重。因此，教师应该重视课程设计，改进教法，灵活处理教材，抓住每节课的重点，运用有效的方法帮助学生突破难点，使课堂效率得到明显提高。

第二节　课堂教学策略艺术

一、抛锚策略——导入课堂

建构主义认为，学习者要想完成对所学知识的意义建构，即达到对该知识所反映事物的性质、规律以及该事物与其他事物之间联系的深刻理解，最好的办法是让学习者到现实世界的真实环境中去感受，去体验，而不是仅仅聆听教师的介绍和讲解。抛锚式教学是建构主义的主要教学模式之一，其主要的方法，就是从组织"有感染力的真实事件或真实问题"入手来展开教学，鼓励学生自主学习和协作学习，并在此过程中寻求对问题的解决。它要求教学建立在有感染力的真实

事件或真实问题的基础上，确定这类真实事件或问题被形象地比喻为"抛锚"，因为一旦这类事件或问题被确定了，整个教学内容和教学进程也就被确定了（就像轮船被锚固定一样）。由于抛锚式教学策略是以真实事件或真实问题为基础（作为锚），所以有时也被称为"实例式教学策略"或"基于问题的教学"。

爱因斯坦说过："我并没有什么特殊的才能，我只不过是喜欢寻根问底追究问题罢了。"英国科学家波普尔也说过："科学的第一特征是它始于问题，实践及理论的问题。""科学和知识的增长永远始于问题，终于问题——越来越深化的问题，越来越能启发新问题的问题。"亚里士多德也有一句名言："思维是从疑问和惊奇开始的，常有疑点，常有问题，才能常有思考，常有创新。"《论语》上也有一句话："学起于思，思起于疑。"我国古人也早已认识到"问题"对学习的价值，指出质疑是学习的源头。"师者，所以传道授业解惑也"，从教师职责的角度明确规定了教师"解惑"的功能。由此可见，具有敏锐的问题意识，善于发现问题，并能孜孜以求地探索解决问题，是创造性人才的重要特征。培养学生发现问题、提出问题和解决问题的能力是新课程改革的一个重要目标。

抛锚式教学由以下五个环节组成：创设情境、确定问题、自主学习、协作学习、效果评价。（1）创设情境。创设情境使学习能在和现实情况基本一致或相类似的情境中发生。创设的情境既可以在一节课的开头，也可以在一节课中某一内容或问题的开头，其目的是使学生的学习能在和现实情况一致或类似的情境中进行，使学生有亲临其境的感受和体验，从而增强学生的兴趣和探索欲望。（2）确定问题。在学生已经进入学习求知的状态下，教师应及时地选择出与当前学习主题密切相关的、有感染力的真实事件或问题作为学习的中心内容，即让学生面临一个需要解决的现实问题。选出的事件或问题就是"锚"，这一环节就是"抛锚"。（3）自主学习。自主学习不是由教师直接告诉学生应当如何去解决面临的问题，而是由教师向学生提供解决该问题的有关线索。例如，需要搜集哪一类资料、从何处获取有关的信息资料以及现实中专家解决类似问题的探索过程等，并发展学生的"自主学习"能力。（4）协作学习。讨论、交流，通过不同观点的交锋、补充、修正，加深每名学生对当前问题的理解。（5）效果评价。由于抛锚式教学要求学生解决面临的现实问题，学习过程就是解决问题的过程，即由该过程可以直接反映出学生的学习效果，因此对这种教学效果的评价往往不需要进行独立于教学过程的专门测验，教师只需要在学习过程中随时观察并记录学生的表现即可。

二、支架策略——创设情境

根据欧共体"远距离教育与训练项目"的有关文件，支架式教学被定义为："支架式教学应当为学习者建构对知识的理解提供一种概念框架。这种框架中的概念是为发展学习者对问题的进一步理解所需要的，为此，事先要把复杂的学习任务加以分解，以便于把学习者的理解逐步引向深入。"建构主义者从维果茨基"最近发展区"的思想出发，借用建筑行业中使用的"脚手架"作为上述概念框架的形象化比喻，通过这种脚手架的支撑作用（或叫"支架作用"）不断地把学生的智力从一个水平提升到另一个更高的水平，真正做到使教学走在发展的前面。支架式教学是建构主义的主要教学模式之一，它强调教师要在学生现有知识水平和学习目标之间建立一种帮助学生理解的支架，在这种支架的支持下帮助学生掌握、建构和内化所学的知识技能，最后再撤除支架，让学生完成对学习的自我调节。

支架式教学由以下几个环节组成：（1）搭脚手架：围绕当前学习主题，按"最近发展区"的要求建立概念框架。（2）进入情境：将学生引入一定的问题情境（概念框架中的某个节点）。（3）独立探索：让学生独立探索。探索内容包括：确定与给定概念有关的各种属性，并将各种属性按其重要性大小顺序排列。探索开始时要先由教师启发引导（例如演示或介绍理解类似概念的过程），然后让学生自己去分析；探索过程中教师要适时提示，帮助学生沿概念框架逐步攀升。起初教师的引导、帮助可以多一些，以后逐渐减少，愈来愈多地放手让学生自己探索，最后要争取做到无须教师引导，学生自己能在概念框架中继续攀升。（4）协作学习：进行小组协商、讨论。讨论的结果有可能使原来确定的、与当前所学概念有关的属性增加或减少，各种属性的排列次序也可能有所调整，并使原来多种意见相互矛盾且态度纷呈的复杂局面逐渐变得明朗、一致起来。在共享集体思维成果的基础上达到对当前所学概念比较全面、正确的理解，最终完成对所学知识的意义建构。（5）效果评价：对学习效果的评价包括学生个人的自我评价和学习小组对个人的学习评价，评价内容包括：①自主学习能力，②对小组协作学习所作出的贡献；③是否完成对所学知识的意义建构。

建构主义理论认为，学习是学生主动的建构活动，学习总是与一定的社会背景，即"情境"相联系的。在实际情境中学习，有利于意义建构。支架式教学就是要在儿童实际发展水平（第一个发展水平）与潜在发展水平（第二个发展水平）之间搭好支架——设计合适的学习情境。一位德国学者有过一段精辟的比喻：将15克盐放在你的面前，无论如何你也难以下咽。但将15克盐放入一碗美味可口的汤中，你早就在享用佳肴的同时，将15克盐全部吸收了。情境之于知识，犹如汤之于盐。盐需溶入汤中，才能被吸收；知识需要溶入情境之中，才能显示出活力和美感。创设教学情境，不仅可以使学生容易掌握知识和技能，还可以使学生更好地体验内容中的情感内涵，从而使原本枯燥、抽象的学科知识变得生动形象、饶有趣味，激发学生的学习动机和好奇心，培养他们的求知欲望，使他们的学习变得有趣、有效、自信、成功。从现代教学论观点看，教师的主要任务就是为学生设计学习的情境，提供全面、清晰的信息，引导学生在教师创设的教学情境中开动脑筋进行学习。

三、问题连续体策略——解决问题

"问题解决"教学是不同于"传递—接受"传统教学的一种教学模式。它强调在教学过程中，教师有目的地提出一系列不同类型的问题或任务，引导学生主动发现、积极探索、实践体验、解决问题，以便深层理解、掌握和运用基本知识，培养学生的创造性思维和实践能力。"问题解决"教学的教学模式主要包括三个环节：（1）提出问题及背景。明确要求教师向学生出示教学问题后，应重点讲解教学问题提出的理论或实际背景，帮助学生了解教学问题的学习意义，明确学习目的和要求，进入学习状态。（2）出示问题系列，展开认识活动。教师向学生出示围绕教学问题的解决所设计的问题系列，让学生明确问题的条件和问题解决的教学思想方法，然后借助教材，通过观察、联想、发现、解决这个学习过程，逐个解决问题系列中的问题。（3）总结解决过程，系统强化认识过程。要求教师根据学生对解决问题系列的情况，总结解决问题系列过程中的经验教训，理顺解决问题的思维通道，并要求学生作出教学问题的学习总结。学生通过总结，系统强化认识过程，形成新的教学认知结构。

"问题连续体"是美国亚利桑那大学梅克教授提出来的一种问题分类体系，该体系从教师和学生两个方面，就问题本身、解决问题的方法、问题的结论或答案三个纬度，构建了五个层次的问题类型。"问题连续体"以建构主义学习观为理论依托，主张"问题"导学策略，主张基于"问题解决"来建构知识，通过"问题解决"来学习。也就是说，在学习过程中强调"问题"引领，强调遵循认知规律，强调经历知识的形成过程，强调学习者自行建构知识。它既保留了传统教学中基本知识掌握的特点，又结合当前课程改革的目标要求，关注了学生能力、情感态度与价值观等整体发展目标的实现。

"问题解决"教学模式以"问题"切入主题，以"问题"作为主线，以"问题"促进创新。"问题"既是教学活动的开端，是思维的启发剂，它能使学生的求知欲由潜伏状态转入活跃状态；又是贯穿教学活动的主线，它不仅能激发学生求知欲，还能帮助学生理解和吸收知识，只有使"问题"存在于整个教学过程之中，才能从根本上保证教学过程的连续性和有效性；同时，"问题"还是教学活动的归宿，"问题"的提出和解决不仅仅是为了增长知识，更重要的是为了促进学生超越现有的知识，在获得新知识的基础上引出更多、更广泛和更深刻的新问题。

四、反思策略——教学日记与反思

教学反思是指教师自觉地把自己的课堂教学实践作为思考的对象，对自己的教学目的、教学行为、教学过程和教学结果等进行全面而深入的审视和分析，从而提高自己的教学能力，使教学达到更优化状态，使学生得到更充分发展的活动。

反思是教师专业发展和自我成长的核心因素，是教育智慧的源泉。斯坦托姆说："我们已经注意到，二十年的教学经验也许只是一年经验的二十次重复；除非我们善于从经验中汲取教训，否则我们就不可能有什么改进。"波斯纳提出了一个教师成长的公式：教师成长＝经验＋反思。从中可以看出，教师的成长过程是一个总结经验、发现问题、反思实践的过程。

教学日记是教师积极、主动地对自己的日常教学生活事件、思想和行为中具有反思和研究价值的各种经验所进行的持续而真实的记录和描写，并在此基础上对其进行批判性的理解和认识，从而不断更新观念、增长技能，促进自身专业发展的一种手段和方法。教学日记不是仅仅罗列教师日常教学生活事件清单，而是通过聚集这些事件，让教师更多地了解自己的思想和相关行为。在日记中，除了描述性记录，还含有解释性记录，如感受、解释、创见、思索、推测、预感、事件的解说、对自己假设与偏见的反思、理论的发展等。事实上，写教学日记的过程也是教师对教学进行反思的过程。通过撰写教学日记这种方式，教师可以定期回顾和反思日常的教育教学情境，在不断的回顾和反思中，教师对教育教学事件、问题和自己认知方式与情感的洞察力就会不断加强。可以说，教学日记有利于教师分析、认识、改变和超越自我，是一种促进教师专业发展的强有力的工具。

第三节　课堂教学行为艺术

一、正确评价学生

教师应善于发现学生的优点。采取多种形式表扬学生，建立积极的评价机制，培养学生的学习兴趣，激发学生的学习积极性，促进学生的全面发展。

信任、期待的情感，可以让人产生一种意向效应，能增加人的自信心。这种信任是一股无形的力量，促使人们走向进步，而且，在信任和赞扬中取得成功，自信心会更足。如果教师能尽力发现学生的闪光点和微小的成就，并及时给予肯定和表扬，以此来促成其乐观向上的心态，调动其内在的潜能，学生便能以最大的能量去追求成功，从而形成良性循环。

教师在管理学生时，积极评价是教育力最强的教育手段之一，教师应该善用积极评价。同时，应该建立科学的学生评价模式，让积极评价贯穿在整个教学中，贯穿在整个学生管理过程中。针对不同问题、不同情况、不同对象，抓住时机，使用有效的、积极的方式对学生进行评价。

教师的一颦一笑，一个亲昵的动作，一句激励的话语，一个肯定的手势，都是启发学生走向优秀的信号；学校的一个激励制度，一个欣赏性的管理办法，往往是学生成功的保障。

（一）寻找优点，增强学生的信心

每一名学生都有长处或优点，关键是，做教师的能否发现、挖掘乃至用放大镜去看待。即便是微不足道的长处或优点，只要能被发现，并给予表扬和赏识，就能唤醒学生的自信和尊严。

教学的艺术不在于传授的本领，而在于激励、唤醒、欣赏、鼓舞。发现并真诚地赞赏学生的优点是教师与学生建立良好关系的重要法则。美国心理学家威廉·杰姆士说："人类本质中最殷切的要求是被肯定。"所以，学校应要求教师多发现学生的优点，并细心呵护，让其茁壮成长，从而彻底改变差生。

（二）用多种表扬方式，激发学生的进取心

某位教育学家做过一个试验：将一群学生分成两组，对第一组表示信任并给予赞美与鼓励；对第二组则不断给予批评。试验结果表明：被经常鼓励的第一组表现积极，进步很快；总挨批的第二组则表现出明显的懒散，出现整体学习成绩倒退的现象。教育学家因此得出，表扬在增强学生的进取心中具有不可替代的作用。

表扬是一种积极的评价形式。马克·吐温曾说过："凭一句赞扬的话，我就可以活上两个月。"每个人都期望得到他人的认可和鼓励。有人说，赞扬就像是照在人们心灵上的阳光，就像是点燃憧憬和希望的火种，就像是给人温暖和感激的春风。

黑格尔在他的《生活的哲学》里讲述了这样一个故事：有一个就要被执行绞刑的青年被押在刑场上，围观的人群中有个老太太突然冒出一句："你看，他那金黄的头发多么迷人！"那个即将永别人世的青年闻听此言，朝老太太所站的方向深深鞠了一躬，含着眼泪大声地说："如果周围能多一些像您这样的人，我也许就不会有今天了。"

在现实中，赞扬和鼓励有一种神奇的力量，它能给人以勇气，给人以信心，能使浪子回头，催人奋进。

教师运用多种表扬方式，对学生多肯定、多表扬，这些积极的评价让学生看到了自己的进步，品尝到了成功的喜悦，从而促使其保持积极向上的进取心。

（三）正确评价学生行为

心理学家威廉·杰姆士说："人性最深层的需求是渴望得到别人的欣赏和赞美。"如果学生的优点、进步能够得到及时的赞赏和恰如其分的评价，学生就会充满信心，就会产生前进的动力。

那么，教师在学生管理中，怎样通过积极评价，增强学生前进的动力呢？

1.准确评价学生行为

准确评价学生的学习行为，有利于培养学生的学习兴趣，激发学生的学习积极性，有利于学生的全面发展。通过评价，帮助学生自我教育，自我进步，认识自我，建立自信。

每名学生都希望自己是成功者，都期望得到肯定和赞许。面对失败，学生最需要来自教师的安慰或鼓励，学生最期待教师公正的评价和积极的肯定。"很好，再试一试"，这样恳切的激励，能让失败孕育成功；"差远啦，别骄傲"，一味地告诫和责难，会使成功的喜悦化为乌有，甚至会让学生失去再做新尝试的勇气。

责问、批评、处罚等消极评价的后果会造就更多的"问题"学生。肯定、赞扬、鼓励等积极评价，能最大限度地满足学生正常的心理需要，帮助学生维持良好的情感体验，树立再创佳绩的信念。

2.宽容、善待每一名学生

在教育学生时，如果遇到棘手问题和困难，学校应要求教师改变教育观念，明确自己的角色——学生学习活动的赏识者，要多看到学生的长处、优点，理解、宽容、善待学生的不足、缺点，这样有助于树立学生的自尊心和自信心。

长期以来，有些教师总习惯给一些学困生、行为问题生戴上诸如"笨蛋""调皮蛋""品行败坏"等帽子，随意贴上"坏学生"的标签，其结果往往直接影响学生的身心健康。"金无足赤，人无完人"，"优生"有缺点，"问题"学生也有闪光点。在教师心目中每一名学生都应有闪光的地方。教师应宽容地对待有缺点的学生，把尊重、信任、理解留给学生，给他们改正的机会，解除他们因怕挨批评、训斥而形成的心理压力，还给学生一个自由、宽松、愉悦、安全的心理环境。

3.多元评价学生

科学表明，人的神经系统高度分化，人类的智能具有多元性。现代心理学有一种提法，至少有七种智能在个人发展和人类社会发展中起了重要作用，它们是语言、数学逻辑、空间、音乐、身体运动、人际关系和自我认识能力。学习心理学的研究表明，学生在发展上是存在差异的，要求没有差异就意味着不求发展。

针对人的心理和智能结构的发展水平，教师在管理学生时必须尊重学生的差异性。"多一把衡量的尺子，就会多出一批好学生"，这把"尺子"不仅仅是长短的变化，而且应该是评价的方式和方法的变化。多增加几把评价的"尺子"，就会有更多学生的愿望得到满足，受到鼓励；多几把"尺子"的积极评价，就会有效地改变学生自我认知的倾向性、自主行为的调控力，从而使学生更加自信，走向成功。应该使教师的积极评价成为学生可持续发展的一种动力，为学生创造出足够的自由发展空间和良好的育人环境，实现不同的学生获得不同的发展。

积极评价学生是管理学生的一个有效方法，教师应建立健全评价机制，要多赏识、表扬学生的点滴进步，以促使更多学生健康发展。

二、传授学习方法

教育学生掌握适合自己的学习方法是教师教学工作的重要组成部分。加强对学生学习方法的指导是培养学生学习兴趣的有效手段，组织学生运用恰当的方法学习是提高教学质量的基本途径。

有些学生学习很用功，但他们的努力与成绩经常不成正比，学得很累。很多人把其中的原因归结在智商因素上，其实，这些学生的成绩不理想在很大程度上是因为他们在学习的过程中没有掌握正确的学习方法。

优秀的成绩离不开科学的学习方法的支撑。学校作为专业的教育机构，应该意识到传授学生学习方法的重要性。"教是为了不教"，这是叶圣陶先生的名言，意思是教育的最高境界是教会学生学习知识的方法。

"授之以鱼，不如授之以渔。"在学生的智育管理中，教师不仅要让学生掌握所学的知识，更为重要的是让学生学会知识获取的方法。

（一）抓住规律，从不同途径指导学生

学生升入中学后，在学习上会遇到许多困难，面临较大的压力。其中最大的困难是不知道怎样去学习。这是造成学生学习很累、成绩不佳的最大原因。

为此，教师应在学生学习方法上发挥指导作用，授课教师要突出学习方法的传授。学校可以为学生拟定系统而有效的学习方法，力求让学生把这些方法当做自觉行为。教师可通过以下多种途径对学生进行学习方法的指导。

（1）教学指导

1）渗透指导

教师利用课堂教学，根据本学科的特点和要求，结合每一节课教学的目标、课程标准、课型流程以及学生的状况，把对学生学习方法的指导有机地融合在课堂教学中。

这是教师对学生进行学习方法指导的最主要和最常用的途径。

2）专题指导

教师抽出一定的时间，借助特定的场合，对学生进行学习方法的专题讲座，主要有作业和试卷评讲，学科知识的总结，学科知识结构、重点和大型考试考前的复习指导，优秀学生学习方法和经验的介绍等。

3）交流指导

教师提供学习方法的指导交流平台。比如，班会讨论，某一热门话题的讨论和方法的归纳总结，张贴优秀学生书面总结，以便全班、全校交流。学校提倡师生之间、生生之间、教师与家长之间，经常就学习方法进行交流。

4）针对性指导

学生在学习过程中，由于方法不当，导致学习成绩不理想，作业错误率较高，或者学生在某一方面存在普遍性问题。如审题不仔细、思路不清晰、逻辑混乱、计算错误、习惯较差等问题，教师会有针对性地给予学习方法的具体点拨，使学生掌握正确的学习方法。

5）示范指导

教师对学习概念、基本技能、解题步骤和思路进行具体的示范，便于学生模仿，进行具体运用。

（2）对学生自我调控的指导

学校让学生在系统的学习中有计划、有步骤地提高自己的自我调控学习能力，掌握有效的学习策略，调控好自己的学习。教师可以具体从以下八个方面要求学生：

1）自我评价

让学生在学习活动中，有意对自己的学习成效进行检查与评价，如"我检查了自己的作业，没有出现错误"或者"我复查了数学作业，发现3道题有错误"。

2）目标确定和计划制订

即确定自己的学业目标以及与这些目标有关的程序、时间的计划和安排、具体行动措施等，如"考试之前我制订一个相关的复习计划"。

3）寻求知识

即完成作业时，要努力寻求与任务有关的知识，让学生去图书馆或者因特网上查找尽可能多的、与主题有关的资料。

4）记录与监督

即自己动手记录课堂中的学习内容和学习结果，如"我记录小组讨论或其他同学发言、教师评价的要点，我自己动手建立自己的错题记录本或错别字表"。

5）安排环境

学生自己选择环境或安排学习环境，以利于学习能够顺利进行，如"做作业时有意识地调控自己，避开容易使自己分心的事"，"做作业时不一心二用，不听收音机、CD、MP3等，集中精力做作业"。

6）自我结果预测

要求学生对自己学习成败所可能得到的奖惩进行想象和安排，如"考得好我就与几个好朋友出去玩"。

7）多加练习和记忆

即通过多种途径、方法的练习，记忆学习材料。

8）寻求帮助

鼓励学生寻求社会帮助，主动寻求同伴、教师的帮助。

（3）检查、反馈和再指导

检查、反馈和再指导是教师对学生学习方法执行的监督和指导，具体内容如下。

1）检查

教师可以通过下列途径了解学生对本学科学习方法掌握的程度：通过课堂教学中学生的发言、对问题的回答、课堂练习方面，学生的作业、试卷、练习册，其他学科教师的反映、同班同学的看法，家长对学生在家学习情况的描述和反映等。

2）反馈

教师主动获取学生的反馈信息，如学生对学习方法掌握的程度、种类以及存在的问题等。

3）再指导

①总结。根据学生现阶段学习方法的情况，通过教师的指导，使学生基本明确现状，并正确对待自己的优势和不足，从纵、横两个方面进行总结，制订出相应的计划和具体的措施。

②提升。在此基础上，把学习方法的熟练程度上升到策略水平，进而促使学习能力的形成和提高。

③自我调控策略的构建和运用。教师根据学生的实际情况，可适当地指导和帮助他们建立自我调控策略，在日常学习中有意识地加以运用，既可以部分地运用，也可以较为完整和系统地运用。

通过教学指导，学生可以掌握具体学科的学习方法，并能借鉴别人的学习方法，通过对学生自我调控的指导，学生可以探索、改进、总结出适合自己的学习方法；通过检查、反馈和再指导，教师就能及时地了解学生的学习状况，有针对性地指导，让学生取得长足的进步。

（二）对关键点进行方法指导

教师还可以将学习方法指导定位在四个关键点。这四个方面分别是课前预习、作业完成、复习总结和课后总结。

1.课前预习

要想提高学生的学习效率，课前预习是必不可少的。如果课前预习得好，学生们带着问题进入课堂，就会做到有的放矢，有一种想学、想问、想练、想比的良好心理，不仅激发了学生自主探索和求知的欲望，还有助于学生终身学习能力的养成。为此，学生可采用以下的预习方法：

（1）一般流程

教师在指导学生进行预习时，提供主要的步骤和具体要求：找出本章或本课内容与前面已学知识的联系；找出本课的难点和重点；对重点问题和自己不理解的问题，做好标记或记入预习笔记。

（2）具体的方法

①扫除障碍法：指导学生在预习过程中通过查阅工具书、资料及请教他人来扫清学习中存在的问题。

②符号圈点法：指导学生在预习教材时，用一套统一的、有一定含义的符号（画线、波浪线、三角等），在字、词、句、段上圈点勾画来帮助预习和加深理解。

③习题试解法：通过上述步骤，指导学生提前思考或者通过试解教材后的思考练习，初步了解所学内容的概念、题型和基本解题方法、基本框架，以达到初步理解所学的内容。

④要认真做好预习笔记：一是每一课中的重点结构或提纲、摘要；二是每一课中概括的几个紧密联系的主要问题；三是尚未解决的疑难问题；四是所查资料中有关内容的摘抄，并注明出处；五是预习的主要心得体会。

2.作业完成

作业是巩固知识的有效手段。不同水平的学生做作业的方式要各有不同，这样才能获得效果。教师可以这样做：

（1）对成绩优秀的学生

建议他们先做题后看书，这样能够发挥学生独立思考、自检学习效果的作用。当学生遇到难解题时，要有针对性地去查阅，一旦从书中找到解题的思路、方法和答案，便成为学生终生难忘的经验和知识，从而加深对知识的印象并学会应用知识的方法。

（2）对中等生

建议他们先看懂教材，弄明白道理后再做作业，基本保证独立完成作业。

（3）对学习有困难的学生

建议他们花较大精力复习所学内容，适当弥补基础知识方面的欠缺，尽可能地独立完成作业。当他们确有困难时，可以向教师、同学、家长寻求帮助，以便顺利完成作业。

3.复习总结

让学生把复习总结当成对学习新知识的强化手段。在这方面，要求学生做到以下两点。

（1）及时复习

这是紧随教师课堂教学，天天都采用的复习方法。复习贵在及时，这也是由"先快后慢"的遗忘规律所决定的。

（2）尝试回忆

在复习该课内容前，要求学生合上书本，独立地把教师课上所讲的内容回忆一遍。这样做有如下效果：一是能及时检查听课效果；二是有助于学生养成动脑的习惯，并能增强、提高个人的记忆效果；三是能更明确复习的针对性。

（三）让学生掌握学习方法

造成学生学习方法不当的原因是多方面的，排除智力因素的影响，大致有以下几种原因：

一是受教师教法的影响。教师教学中过分强调机械记忆、生搬硬套，忽视教材处理的灵活性，束缚了学生思维的发展。

二是受教材内容和学科性质的局限。小学阶段学生学习的依赖性很强，中学阶段学生学习的自主性较强，教材内容的单一性不能激发学生学习的兴趣，各门学科内容缺乏整合。

三是教师的指导层次过高。每名学生的认识基础和认知水平不尽相同，教师的指导如果忽视学生的年龄结构和认知能力，就会使学生处于被动接受的状态，其结果不言而喻。

因此，对学生进行学习方法的指导应遵循以下两个原则：

一是方法指导与实践运用相结合的原则。教师在指导学生时，既要教给学生适合他们认知水平的学习方法，又要让学生在学习实践中有意识地加以运用、体会，使学生在实践运用中建立科学的学法体系。

二是学科渗透与课程整合相结合的原则。教师在辅导学生时，既要适时渗透学科学习方法的指导，还要注意各学科间知识体系的相互融合。

在学生管理中，落实学法指导的主要策略有：

1.教师的"教"为学生的"学"提供方法示范

一般来说，学生受年龄及知识结构的制约，掌握学习方法主要依赖于教师的指导与影响。所以，教师必须努力使自己的教法成为学生掌握学法的生动范例，把教师的主导作用与学生的主体地位有机地统一起来。

2.从问题入手，教会学生探究知识的方法

教学要从教材和学生的实际出发，启发学生在学习、探索、体验、感悟的过程中善于发现问题，引导学生在主动探索中获取知识。

探究的方法大致有观察、做实验、思考、查阅资料等。教师要及时帮助学生总结、归纳，使学生的方法更完整、更科学，提高学生探究的兴趣。

3.在分析学习错误的原因中领悟学习方法

遇到学生学习中的错误，教师要安排学生自我反思，帮助学生找出学习习惯、学习方法或思维方法中存在的问题。要把纠正错误结果和查找错误原因结合起来，加深学生对正确学习方法的领悟。

4.让学生掌握科学的思维方法

培养学生的创新思维和实践能力是新时期课堂教学的核心。教师应该在思维能力的培养与训练中让学生掌握学习方法。学生掌握了科学的思维方法，学习方法也就具有了科学性。

5.引导学生形成规律性认识

事物都有一定的规律性，要引导学生对学习方法进行归类，在教师的指导下，组织学生发现规律、探究规律、对规律进行归纳整理，并逐步完善，进而形成完整的学法体系。

教会学生掌握适合自己运用的学习方法，是教师教学工作的重要组成部分。加强对学生进行学习方法的指导，是培养学生学习兴趣的有效手段，组织学生用恰当的方法学习是提高教学质量的基本途径。

第四节 课堂秩序管理艺术

一、组织管理高效课堂

美国高级管理顾问彼得·杜拉克先生曾经这样说过："管理的重点在于要构建一个好的系统，这样才能让每个人的长处得以发挥，短处得以包容，使正在进行当中的事物更好地进行下去。"

正如教师在教学工作中一样，要想使课堂教学获得更好的效果，切实完成教书育人的本职任务，首先便是如何保证课堂教学顺利地进行。因为，只有在课堂教学顺利进行的前提下，才能确保学生积极、有效地参与到教学活动中来，才能更好地提高学习效率，使课堂变成真正的高效课堂。

因此，教学组织管理贯穿于整堂课程的始终，不仅是做好高效课堂的重要组成部分，更是课堂教学得以顺利进行的基本保证。

（一）在教学中培养常规

如何做好高效课堂的组织管理，是一项复杂的、需要高度技巧的工作，它的实质与最终目的就是更好地保证课堂教学能够顺利进行，并有效地提高学生的学习效率。

随着教育技术与教育理念的不断发展与更新，从各种新型的、独具特色的教学方式中不断产生新的学生观、评价观，传统的"教与学"已逐渐被淘汰、被更新，教师如何教，学生如何学，都发生了翻天覆地的变化。

而这种新的变化更加强调的是开放教学的思维，使学生主动参与，积极思考，逐渐培养学生们的创造能力。

但是，由于学生的自控力还没有完全成熟，在相对自由的学习环境里就很容易变得懒散，甚至因为过分"自由"而影响课堂教学的顺利进行，从而影响课堂学习效率。因此，教师在教学工作中建立良好的课堂教学常规，就成为使课堂教学得以顺利进行的基本保证。

1.规范课堂教学常规，培养学生的自制力

建立必要的、规范的课堂教学常规，是教学组织管理的一种手段，也是学生遵守教学秩序的行为依据。建立课堂教学常规，可以使学生在时刻自律的情况下，更大地发挥自己的优势，使课堂学习效率得到更进一步的提高。

建立规范的课堂教学常规不仅能促使学生们养成自觉遵守纪律的良好习惯，还可以有效地改变学生们懒惰、散漫的不良习惯。

良好的课堂教学常规为学生们创造严肃、活泼、和谐的课堂气氛和学习情境奠定了基础，也为学生自制力的培养及日后健全人格的形成起到了很好的鞭策作用。

2.合理赏罚，维护规范的课堂教学常规

有了常规，还要有更规范、更合理的赏罚制度来维护它的正常进行。教师可以根据本班的不同情况制订出相应的赏罚制度，本着实事求是、公平公正的原则，使学生在不断严格要求自己的同时，得到老师和同学的鼓励与认可，激发他们的学习热情，使课堂教学得以顺利进行。

3.妥善处理课堂教学中的偶发事件

即使有良好的课堂教学常规，但在教学过程中也不免会有一些偶发的事件导致学生注意力分散。这时，教师就要根据学生的心理规律、具体事件的因果，因势利导，妥善处理。

（二）掌握教学节奏

课堂教学的顺利进行，除了规范的常规培养外，教师如何组织管理好课堂教学的节奏，同样起着十分重要的作用。因为控制住节奏就能更好地控制过程，使课程更加条理清晰，减少因为学生的不理解或课程平淡而引起的学习障碍，保证课堂教学更顺利地进行。

一堂高效的课程不仅体现在讲课内容的多少上，同样也体现在整体教学节奏的把握上，就像指挥家按照主旋律指挥乐队，使乐曲可以顺利地进行；同样，教师讲课也就如同奏乐。

一堂成功的课往往犹如一场美妙的音乐会，老师就是音乐会的指挥，而知识就是乐章里的音符。上课时，教师按照主旋律，时而抑扬顿挫，时而明快和谐，使每个环节都有机地连接在一起。此时，整个课程便会体现出一种优美的音乐性，使学生们的思绪随着课程节奏的变化时而澎湃，时而低沉，被知识的魅力深深地吸引而不能自拔。

二、加强管理课堂秩序

国家要想发展，社会要想进步，不能不依靠良好的秩序做保障。同样，教育事业要想发展，课堂教学要想有效率，也离不开良好的课堂秩序。

课堂秩序是以课堂纪律为基础建立起来的一种教学状态。有良好的课堂纪律，就容易建立良好的课堂秩序。换句话说，课堂纪律就是课堂教学正常进行并且出成效的基本保障。

因此，教师要想使自己的教学效率更高，就应该想办法消除影响课堂秩序的一切不利因素，用课堂纪律去改变无序的课堂，维护有序的课堂，从而向"45分钟"课堂要到最高的效率。

（一）课堂纪律的基本内涵

课堂纪律管理是课堂管理的一项重要内容，也是影响课堂效率的重要因素之一。

1.基本内涵

纪律是指通过施加外来约束达到纠正行为目的的手段，是对自身行为起作用的内在约束力。同时，纪律也意味着惩罚，因为一旦违反纪律，违反者就会视情节轻重遭到不同程度的惩罚。

延伸到教学中，纪律就是指课堂上教师对学生的课堂行为所施加的外部约束及其为此而建立的相关规则。

良好的课堂纪律的形成，不仅需要外部施加的强制性规则，更需要学生的自我控制与约束。因此，教师在规范课堂行为，对其进行外部约束的同时，还要注意培养他们遵守纪律的自觉性。

2.基本分类

由于成因不同，课堂纪律一般可分为四类：

（1）教师促成的纪律

教师促成的纪律指在教师的帮助指导下形成的班级行为规范和个人行为守则。这类纪律虽然在不同年龄段发挥的作用不同，却始终是课堂纪律中的重要类型。

小学生因为不知道如何在大的团体中学习和游戏，如果没有教师的适当引导和帮助，很难形成适合于集体活动的行为准则。而随着年龄的增长和自我意识的增强，学生一方面会反对教师的过多限制，另一方面又要求教师提供一定的指导和帮助。因此，教师有必要利用自己的影响力，建立有利于提高课堂效率的课堂秩序和课堂纪律。

（2）集体促成的纪律

集体促成的纪律是指在集体的舆论和压力的作用下形成的学生群体行为规范，而这种随集体行动的群体行为，即俗话说的"随大溜"。随着年龄的增长，这种纪律对学生个体的影响会越来越大，尤其在摆脱对成年人的依赖后，他们更加注重同学和同龄人的言行举止，并且以此决定自己的行事与思考。

（3）自我促成的纪律

自我促成的纪律，就是指学生的自律，是在个体自觉努力下由外部纪律内化而成的个体内部约束力，是课堂纪律管理的最终目的。

（4）任务促成的纪律

任务促成的纪律指某一具体的学习任务对学生行为提出的具体要求。这类纪律是以学生对任务的充分理解为前提的。

通常，学生对任务的意义理解越深刻，就越能自觉遵守任务所要求的纪律，即使遇到困难、挫折也不会轻易退却。可以说，学生完成任务的过程，就是接受纪律约束的过程。因此，教师可以用学习任务来引导学生，加深学生对任务的理解，这样既可以有效地减少课堂违纪行为，又可以提高课堂教学效率。

（5）兴趣约束

学生如果对某件事情有兴趣，遵守纪律的程度就高；反之，就差。对违反课堂纪律学生的教育，最好是从兴趣吸引入手，让学生加强自律。

尽管课堂纪律有如此多的类型，但都是为建立良好的课堂秩序而存在的。因此，在向课堂要效率时，教师有必要研究一下课堂纪律，并从中找到突破口。

（二）影响课堂纪律的问题行为

导致课堂纪律不良的原因，多是课堂上出现了影响课堂秩序顺利进行的问题行为，即发生了与课堂行为规范和教学要求不一致并影响正常课堂秩序及教学效率的行为。

这些行为一方面影响学生的身心健康，另一方面又引起课堂纪律问题，影响教学质量。因为一名学生的不良课堂行为，影响的不仅仅是他本人的学习，同时还会干扰其他学生的正常学习。

因此，及时控制和防范这种课堂问题行为，就成了维护课堂纪律、加强课堂管理的重要内容之一。

在建立课堂新秩序、管理课堂违纪行为之前，教师如果能够摸清楚其中的原因，处理起来就比较方便，即先理清课堂问题行为的类型与原因。

1.分类

目前，对课堂问题行为分类，最为普遍的一种是根据学生行为表现的倾向划分为外向性行为和内向性行为。这两种行为虽然表现不同，但同样违反了课堂纪律，影响着正常教学的顺利进行，降低教学效率。

（1）外向性问题行为

这类行为，主要包括：做鬼脸等故意惹人注意的行为；相互争吵等攻击性行为；故意顶撞教师等盲目反权威的行为。这类行为可以直接影响课堂秩序，降低课堂效率，容易为教师觉察。

（2）内向性问题行为

这类行为，主要包括：在课堂上发呆、走神等注意力分散行为；害怕提问等退缩行为，抄作业等不负责任的行为。这类行为大多不会直接威胁课堂秩序，影响整体教学效果，不易为教师觉察。

2.产生因素

课堂问题行为的产生必然有其原因，因此教师要想管理问题行为或者防范问题行为，就需要寻根溯源，搞清楚诱发问题行为的原因。概括地讲，诱发问题行为的原因主要集中于学生自身、教师和外界环境三个方面。

（1）学生自身的影响

大量的课堂问题行为是由学生自身的因素引起的。这些因素主要是：

①性别特征

男生精力旺盛，喜欢探究，但心理成熟程度和自控能力要普遍低于女生，因而出现课堂问题行为的可能性就比较高。

②吸引注意力

一些自尊心较强但因成绩较差或其他原因得不到承认的学生，往往会以故意制造麻烦、事端，吸引教师和同学的注意。

③人格因素

学生的课堂行为问题在一定程度上与个性心理特征，如能力、性格、情绪等有关。例如外向的人格，则喜欢交际，迎合热闹，自制能力较弱，违反纪律的情况相对较多。

（2）教师的影响

课堂问题行为表面上是学生的问题，实际上也有可能是教师方面的原因造成的。因此，要想形成良好的课堂纪律，教师也需进行自我约束和调整。

通常，对课堂问题行为产生影响的教师方面的因素主要有：

①教学不当

指教师备课不充分，缺乏教学组织能力，或者表达能力欠佳而引起的课堂问题行为。

②管理不当

这是教师引起课堂问题行为的最主要因素，最突出的问题是教师对学生的问题行为反应过激，滥用惩罚手段。比如，有些教师对学生的个别不良行为经常做出过激反应，动不动就中断教学大加训斥。这种管理方法往往会激化矛盾，使问题行为扩散开来。

③缺乏威信

在学生心目中失去威信的教师是很难管好课堂的，丧失威信也是多方面因素造成的，除了前面提到的教学不当、管理不当，还有教学方法不好、对学生的要求不一致、处事不公平等。

（3）环境的影响

校外环境和校内环境中的许多因素，都会对学生的行为产生一定影响。例如家庭环境、班级人数与课堂座位编排方式等环境因素，都能明显地影响学生的课堂行为。比如，在经常吵架、打闹家庭中生活的学生，在课堂上多会表现得或孤僻退缩，或烦躁不安，甚至挑衅生事。

（三）加强纪律管理的重要环节

虽然破坏课堂纪律的责任不能一股脑地推给教师，但是作为课堂的主导者，教师仍然需要竭尽全力整顿课堂纪律，维持课堂秩序。

那么，在课堂上管理学生纪律时，教师需要注意哪些环节呢？

1.搞好课堂"监控"

课堂上教师应认真地观察课堂活动：讲课时始终密切注意学生的动态；做作业时要经常巡视全班学生。教师应该在学生的不恰当行为造成混乱之前就有所察觉，并且加以制止。

2.及时恰当地处理问题行为

只发现问题还不够，教师还必须及时采取恰当的措施处理问题行为。

一个小故事，就能使两名学生之间的战火立刻熄灭，使正常的教学活动得以顺利进行。所以，发现问题行为后，最重要的是采取适当的措施进行制止。

至于采取什么措施取决于问题的性质和场合。比如，学生趴在桌子上睡觉但无鼾声这样的内向性行为，没有明显干扰课堂教学。因此，教师不宜停止教学而公开指责，可以采取信号暗示、邻近控制和课后谈话等措施加以处理。而对于大声喧哗、戏弄同学等外向性行为，因其对课堂有较大干扰，必须通过警告、批评等措施迅速制止。

3.灵活运用奖惩手段

运用奖励手段鼓励正当行为，通过惩罚制止不良行为，这是巩固管理制度、提高课堂管理水平、提升课堂效率的有效途径之一。比如，教师表情上的肯定与否定、表扬与批评，都能影响学生情绪，影响学生行为。

但是，在实施奖惩手段时，教师需要注意根据实际情况灵活运用，以奖励为主；严格按规则实施奖惩；不能滥用惩罚手段，尤其不能体罚和变相体罚学生。

4.说话要有亲和力

"亲其师，信其道。"教师的亲和力在本质上是一种爱的表现，其核心是民主平等的思想。亲和力强的老师，可以赢得学生的尊敬和信任，可以获得学生的理解和宽容。因此，教师上课时，一定要注意发自肺腑地爱学生，真诚地亲近学生，营造和谐温馨的课堂氛围。

5.讲课要有吸引力

除了以上条件，教师讲课还要有吸引力。一节课45分钟，学生如果感到教师讲的课枯燥乏味，就会有厌倦之感、怠慢之心，进而滋生违反课堂纪律的心理与行为。因此，提高教师讲课的吸引力也是维持课堂秩序的重要因素。

对此，教师可以用谈话的方法、幽默的语言给学生授课，或者灵活变换课堂节奏等，使自己的课程更加有趣味、有吸引力。

教师要想办法消除课堂上纪律混乱这一影响授课效率的不利因素，确保正常的课堂教学秩序。这样，学生才能拥有一个良好的听课环境，教师才能拥有轻松的授课环境。而在这样的环境下取得的课堂效果，自然是不言而喻的。

在教学过程中，教师要不断地监控学生的情绪与行为，随时调整自己的授课方法，以保证课堂效率。这样，教师一定能不断提高课堂教学效率，真正实现"向45分钟要质量"的目标。

第七章　课堂教学提问艺术

第一节　关于提问在课堂教学中的重要性

课堂提问是教师在传授知识的同时，达到师生共同交流、和谐共振的一种主要的教学活动。好的课堂提问能揭示矛盾、辨别正误、唤起联想、引起思索，并有利于教师对当堂课程学生学习情况的及时把握，做到当堂课的问题当堂解决，当堂调控，把学生的疑问全部在课堂上解决，从而达到调节教学活动的目的。

课堂提问的艺术是教师应当掌握的一套教学基本功。课堂提问质量的高低与教学效果的好坏关系到教师在业务素质方面的基本技能。如果教师对这套基本技能掌握熟练的话，就会使整堂课的教学大放异彩，学生学得高兴，教师教得愉快，教学效果不言而喻。

随着当今教改的不断深入，越来越多的老师对课堂提问艺术的认识都有所深化，并在实践中有所创新。

当然，课堂提问是教学活动中的重要组成部分，它对检查学生的学习情况，引发学生的探究兴趣，培养和训练学生的语言表达能力，发展学生的思维能力都具有显著的功效。它也是沟通师生之间的感情纽带，是重要而常用的教学方法之一，这是由教师提问的特点与学生思维发展的关系所决定的。

教育心理学告诉我们，学生的思维过程往往是从问题开始的。古语亦云：学起于思，思源于疑。可见，设计疑问是必不可少的。有些教师在课堂教学过程中，在问题的设计上花费了不少心血，总是想方设法把问题设计的符合学生口味，其目的很明确，就是意图点燃学生思维的火花，激发他们的探索欲望，为他们解决问题铺路搭桥，一步步引导他们登上知识的高峰。然而，并非所有的课堂教学提问都能达到预期的目标，那些肤钱、平庸的提问，零敲碎打、毫无联系的提问，单调、陈旧、八股式的提问，置学生于被动地位的提问，有的随心所欲，为问而问；有的以问代罚，为难学生；有的突然发问，搞突然袭击；有的模棱两可，节外生枝；有的不看对象，乱点名回答。这样提问的结果，只能是"问而不答""启而不发"，使师生关系形成僵局。造成这种局面的原因，主要是教师不懂提问艺术所致。所以，这样的提问最好不要出现在课堂上，因为，这些提问所起的作用就是压制学生的思维活动，与开发学生智力目标背道而驰。要使教师教得轻松学生学得愉快就必须掌握课堂提问的艺术，这样才能使整个课堂气氛显得生动、活泼、和谐、感人。这就是课堂提问艺术的精髓所在。

一、忌碎宜精

教师的提问，要问在点子上，多而散的提问应尽量避免。因为，它不仅不能发展学生的智力，反而使有限的课堂教学时间耗费在无滋无味、毫无意义的提问当中，这是我们应当注意的问题。

二、忌灌宜导

课堂提问应将学生放在主体位置，教师起引导作用。那么，怎样正确处理教学与学生思维的"同步"关系呢？对此，教师应先吃透教材，多设计有价值、有意义的经典提问，因势利导，循序渐进，将知识点在不知不觉中"导"入进来。比如教《惊弓之鸟》这课时，文中有一句"更赢不用箭只拉一下弓，便把大雁射下来"。这里面有一个逻辑推理过程，也是发展学生思维的好教材，教师可先问学生：更赢能这样射下雁，是因为他看出了什么？再问：他怎么知道大雁受了伤？又问：受了箭伤的大雁听到弦声会怎样想？怎样做？结果会怎样？教师最后问：更赢为何能不用箭就射下大雁？至此，答问就水到渠成了。

三、忌平宜曲

我们把这句"文如看山不喜平"换成"问如看山不喜平"怎样？我想也是合适的，对于让学生"跳一跳，摘得到"的提问方式，是有积极意义的，教师的提问也可以多拐上几个弯，让问题有一定的难度，多让学生想想，多让他们"蹦一蹦"，而不是将事先准备好的"摘桃的梯子"送给他们。

第二节　课堂提问的基本要求及类型

一、课堂提问的要求标准

课堂提问是课堂教学必不可少的组成部分，它是师生间知识传递的最主要手段，是发展学生思维，促进学生学习的重要教学方式。如何从心理学的角度来研究课堂提问的艺术性，这是每位教师理应引起重视的问题。

（一）问题的趣味性

在课堂教学过程中，问题的趣味性很重要，一堂课是否让学生学得兴致盎然，是否兴趣浓厚与教师在课堂提问中的趣味性有关。心理学认为，内驱力的激发是很重要的，而内驱力的动机中心是兴趣。兴趣是推动学生思维的强大发动机。如果教师所提的问题激发不了学生的兴趣，学生即便去思考了，也只不过是一种被动的思维，学生的主动性就不能充分调动起来。例如在教《记金华的双龙洞》这一文时，教师授课时可以先出示一幅未完成的浙江双龙洞导游图，对学生们说："我们现在学习课文，根据内容把这张游览图画好，看哪些同学画得正确，画得最好？"这一下，学生们个个都兴趣盎然，一边学习课文，一边描画起图来。实践表明，在提问中，如果把未知的因素混杂于一些熟知的因素中，必将引起学生的浓厚的兴趣，使学生在快乐的学习中既获得了知识，又得到了能力的提高。

问题的激发性在课堂教学活动中常用的教学方法之一。心理学认为，对于引起无意识的注意力，就是要增强其刺激事物的相对强度，这对我们当代课堂教育具有重要的意义。课文中有些内容往往不被学生注意，但却是学生应该着重理解的。教师可围绕这些内容设计出一些问题，增强这些内容对学生大脑刺激的力度，以激发学生去思考。比如《将相和》的开篇第一句话"战国时候秦国最强，常常进攻别的国家。"写与不写有什么两样？所以在教学活动中，老师可以运用激发性的方法借机点拨，让学生来思考，它与"赵王接到信非常着急"有什么关系？与蔺相如"机智勇敢"的表现有什么关系？与"将相和"又有什么关系？这样一来，学生在联系课文内容的前后关系中深入思考，从整体上把握了课文的内在联系。

（二）问题的争论性

我们这里所说的问题的争论性同上面提到的问题激发性是不同的。激发性问题是教师根据学生容易忽略的问题进行的一种教学方法，主要作用是把已学或未学的知识点转变成能激起学生争论的话题，从而达到使学生掌握知识的目的。而争论性问题是问题本身就已具备了争论的焦点，教师只需抓住这个焦点，设计相关问题，以增强问题之间的对比关系，以便能加强学生的注意力。比如在教《太阳》一课时，讲读全文，教师布置了这样一个讨论题："开头引用传说是为了说明什么？请在下面答案中选取一个，并说明理由。①说明后羿的箭法好。②说明太阳很热。③引出太阳究竟离我们有多远的问题。"问题布置以后，学生中有的说①对，有的说②对，有的说③对。这时，教师就每一种情况抽出一人，让这三人进行辩论，最后通过总结、归纳，得出结论。这样就使学生对课文的学习理解得更深、更透彻，使学习收到了良好的效果。

（三）问题的比较性

问题的比较性是在学生深入理解课文的思想内容和写作特点的同时，以培养学生思维的广阔性和深刻性提出的。例如《寓言三则》的教学。教师在教完这篇课文后提问："这三则寓言有哪些相同点？哪些不同点？"学生纷纷开动大脑，思考起了问题。相同点：①它们的体裁相同，篇幅短小，情节简单，而又告诉我们一个道理。②它们的题目都是一个成语。③在和冰付程中都是先交代起因，后交代结果。不同点：①三则寓言讽刺的对象不同。②它们的写法不同《滥竽充数》重点写人物的神情、动作。《画蛇添足》重点写人物的心理活动。《买椟还珠》仅写了事情的过程，没有直接描写人物的表现细节。③《买椟还珠》还有议论性的结尾。这样训练既可以使学生的单向思维向多向思维发展，也可以使学生的思维能力得到一定的提高。

（四）问题的明确性

问题的明确性在课堂教学活动中也是教师必须注意到的，因为不明确的提问会使学生的思维缺乏定向性，失去思考的目的性，从而造成思维的混乱状态。因而，提问一定要明确：一是要抓得准，摸得透，有的放矢；二是要措辞得当，回答的范围要小，尽可能从一个角度去问，不至于让学生产生歧义。例如一位教师教《蟋蟀的住宅》一课，教师在总结全篇课文、深化主题时问学生："蟋蟀以那样柔弱的工具建造这样精美的住宅，靠的是什么呢？"这一提问的目的是让学生体会到蟋蟀的勤劳和顽强的毅力。但由于问题主题表达不是很清楚，学生的思路就歪了。教师可将问题改为"以柔弱的工具建造如此精美的住宅，说明蟋蟀具有什么精神？"这样提问主题明确，学生很快就理解了题意。

（五）问题的联想性

问题的联想性可以起到有效地展开学生的想象力、引发其积极思维的作用。心理学家认为，启发可以引导思维产生一种联想活动。在教学活动中，要发展学生的智力，培养学生的潜能，联想活动的训练就显得十分重要。比如有位老师教完《穷人》这一课后，就提出这样一个问题："同学们思考一下，课文结尾桑娜拉开帐子以后，渔夫会说些什么？桑娜会说些什么？"问题一提出，学生回答问题的兴趣非常高涨，都积极寻找回答。这样，学生的思维能力在无形之中就得到了锻炼。

二、课堂提问的类型

课堂提问的形式多种多样，也是当今教学活动中最常用的教学方式之一。近年来，人们越来越重视课堂提问艺术的运用。对于课堂提问艺术，教师也主要根据教材内容与学生水平不同来设计不同风格的提问，这些提问看似简单，实则不是我们能够动一动嘴就能做得来的，主要还是看教师教学的综合素质与能力，哪怕课堂上的一个小小提问，都能看出教师教学的基本素养。那么课堂提问到底有哪几种类型呢？

课堂提问如何分类，有以下几种：

1.课堂提问的方式可以遵循问题陈述的不同方式来分类；2.课堂提问还可以按照主题明确的程度来分类；3.课堂提问还可以按照问题的难易不同来分类讲。课堂提问也可以按照问题的主次内容来分类，比如，主要问题和次要问题。以上几种分类，不管被提问的对象是个别学生，还是整个班级的学生，也不管问题的提问主题是属于概念方面的，还是属于情感方面的，都可以按以上几种方式来分类。

19世纪末，心理学家们曾对提问的分类经过仔细地研究与探索，在实践中得出以下结果，就是可以把提问内容分成三种类型。

第一、对问题内容的记忆性

对概念性的知识，学生可以凭记忆回答老师的问题，如"什么是三角形的高？""什么是最大公约数？"学生凭大脑记住的知识信息表述出来。这类记忆性的提问，主要目的是为了巩固所学的知识，防止学生遗忘。

第二、对问题内容的思考性

主要是指学生通过对所学的知识经过思考能准确回答出老师的提问。主要是针对学生在相似的知识点上容易混淆其作用而做出的特别提问。比如，在学生刚学习完约分与通分的知识点后，他们并没有完全理解和掌握，认识只能停留在表面水平上。为了帮助学生很好地理解与掌握，老师可以适时设计出相应问题："同学们来比较一下，约分和通分有什么异同点？"这样的思考性问题，不仅让学生掌握了其知识概念，而且还理解并掌握了该知识点的运用与深层含义，引导学生从浅层认识逐步过渡到更深一层的认识。这样的问题能进入学生的思维空间，学习效果自然不言而喻了。

第三、对问题内容的探索性

对于探索性问题的教学，在这里我们可以举出一些例子来说明这一问题，比如，有限小数与无限小数的问题。当学生对有限小数有了些认识后，教师还要引导学生更进一步地认识"无限小数"的意义。不妨设计这样一个问题："从有限小数的意义里，你能反过来理解无限小数的意义吗？"这种反向问题可以引导学生产生丰富的联想。再比如这样一道应用题："甲乙两个工人生产同样的零件，原计划一天一共生产350个。由于改进技术，甲的产量提高了40%，乙比原计划多生产50个，这样两人一天实际共生产480个。甲乙两人原计划各生产多少个？"教师可以在学生正确理解题意以后再提问："这道题有四个条件，两个问题，你们看，哪些条件之间紧密联系着？哪些条件与问题之间紧密联系着？看谁找得准？找得快？"学生就能迅速地在问题的相互关系中做各种尝试与探索。学生通过一系列的问题摸索之后，从中发现了问题之间的相互联系，从而找到了解题思路。这种探索性问题非常适合学生的动手实验活动，对激发学生的创造性能力作用是很大的。

记忆性提问的作用主要用于对学生知识点的巩固与掌握，它是教师们经常运用的一种提问类型。这类问题的作用主要是让学生运用所学的知识去创造新的事物。通常说来。60%以上的教师，在提问中最关心的是学生的知识记忆，这是有一定原因的。第一，知识点在被提问之前，学生已经知晓了，而学生对学过的知识是最容易回答的；第二，课程的目的是让学生获得新的知识点，而教师在设计思考性问题时提前需要做各种准备，甚至要比对设计思考性问题本身所花的时间还要多，这样就会消耗教师大量的精力；第三，在某种程度上，思考性问题或探索性问题都能大大活跃课堂气氛，提高课堂互动的效果，但对考试所需要的成绩却不一定能保证，因为当今的考试对学生的知识记忆要求比较高，而对思考性问题要求比较低。尽管我们也承认，思考性问题与学生的知识的积累是成正比的，但在实际过程中，教师设计的每5个问题当中，只有3个问题是含有知识点的；另一个问题是属于课堂纪律或管理问题的，而只有一个问题是属于思考性的。要把记忆性和思考性两种类型的问题结合起来具体运用的话，教学效果显而易见，但在现今的实践教学中是不多见的。

在以上的三种问题分类当中，如果按课堂提问的形式来分类的话，有以下几种：

设问型

设问型就是教师根据教材设计提问，主要特点是老师自己提问自己来回答，并不要求学生马上作答，这种设问型语句，能够将学生的注意力引导到问题上来，使问题有承上启下之感。

设问型语句常用于学生的复习课中。设问不仅用于复习中，而且还用于引入新课，一般不是知识的简单重复，而是着眼于培养学生多向思维的能力，以利于学生知识的巩固和提高。

其作用是设置问题悬念，以激发学生的学习兴趣和求知欲望。这种设问，常与学生的日常生活密切相关，使学生在回答问题时很容易就跟自己的日常生活联系起来。

追问型

追问型就是教师把所教授的知识点划分成一个个小细节，一个细节一个细节地组成大问题。其特点是教师提问的语句较短，问题与问题之间间隙时间较短，能营造热烈的课堂学习气氛，能有效锻炼学生敏捷的思维、灵活的头脑及良好的学习品质。追问能使学生的注意力保持一定的稳定性，激发其积极思考，有利于学生全面知识的掌握。

疑问型

疑问型问题是由教师在知识点处理下伏笔，设下疑点，提出问题，让学生觉得有趣，乐意去寻找问题的答案。提出自己的观点并引用事例说明，做出答案。由于教学过程中受诸多因素制约，会使个别学生的学习留下疑点。每一节课应留一点时间让同学们及时把问题提出来，使教师有针对性的进行解疑，使教师所传授的知识更为完善。对于学生的回答疑问，教师可根据学生回答的问题是否带有普遍性来考虑是否个别或当众补足作答。倘若学生的提问教师认为已讲授清楚，或是很简单的问题，教师也不要粗暴地拒绝回答学生，而要营造一种亲切和谐的课堂氛围，使学生有疑敢问、有问敢提地把疑难问题分别解答好。

互问型

互问型就是由学生自己提出问题、自己回答问题的一种方式。互问是一种"你来考考我、我来考考你"的课堂教学活动。有经验的教师会常采用这种互问、互考的学习方式来激励学生的兴趣，调动学生的积极性，效果是好的。互问方式较为灵活，可以放在小组进行，也可以放在全班进行。首先要确定问题的范围，有效引导学生围绕教学重点去开展互问互答的活动，当学生回答问题出现"卡壳"时，教师要及时做好"穿针引线"的工作，使互问活动顺利进行下去。

一定不要偏离教材主题思想去大讲特讲，这些题外话是要不得的。

顺问型

顺问型就是教师按照教材的先后顺序、逻辑关系和学生认识事物的心理特点，进行提问。教师为了让学生认识作者，可以在教材的关键之处设计提出这样的问题：为什么多收了三五斗，农民反而得不到好处呢？让学生认识到旧中国的农民的苦难根源，就是封建地主、资本家和帝国主义三座大山的重重压榨和剥削，即使农民有了好的收成，也逃脱不了悲惨的命运，让学生体会到作者在选择写作材料时，是紧紧围绕自己要表达的中心思想来组织编写材料的。顺问的特点主要是与教材的前后顺序一致，结合学生认识问题的一般特点来进行的一种课堂教学方式，但它还不能够形成热烈的课堂气氛，不能像追问型与疑问型那样激发学生的学习热情与思维活动，它比较适合逻辑性较强的题材内容教学。

曲问型

曲问型问题主要是针对问题的提出设置悬念感，提问不直入主题，而是让问题的路径迂回曲折，拐上几个弯子，教师问在此而意在彼。用这种方法提问，使学生能够明确课题的具体目的和意义，并有效引导学生进入良好的思考状态。

例如，在引入"三角形全等判定定理"的提问。

老师问："一块三角形状的玻璃，被折断成两块，要配一块同样大小的玻璃，要不要将两块都带去？如果只允许带一块，那么应该带哪一块？为什么？"用这样的方式，可巧妙地引入三角形全等判定定理，使学生很快进入角色。

比较型

比较型问题就是教师对所设计的问题进行综合、归纳，从中提炼出可进行比较的问题，引导学生在问题的相互比较中找出恰当的结论。比如，教师在讲授《泊船瓜州》一诗时，为了有助于学生理解王安石在精心选词炼字方面的高妙之处，教师完全可以用比较性问题："要把江南冬去春来的情景表达得生动形象，是用'春风又绿江南岸'好，还是用'春风又过江南岸'好？"这样的比较性问题直观又形象，学生对"绿"与"过"，加以比较认识，便能体会出王安石在精心选词炼字方面的绝妙，让学生理解起来也容易得多，很好地达到了教学要点。比较式提问能够打开学生的思路，帮助学生在比较异同时认识事物，从而达到理解问题的目的。比较型问题适合气氛不够活跃的课堂情境。

急问型

急问型问题就是教师在课堂上一连串地发出问题，让学生们能够争先恐后地抢答，例如，在《称象》一课中，先让学生阅读课文，为了检查学生对课文理解的程度，教师可以设计一个个急问型提问：①课文中说到的"谁"很高兴，为什么？②是怎样的一头象，谁在一边看一边议论？③曹操出了一道什么样的问题？④官员们都想了些什么办法？⑤曹操儿子叫什么？他想出什么办法来称象的重量？⑥你学习这篇课文后有什么感想？因学生在之前经过了充分准备，对文章整体有了一定了解，对老师提出的一连串问题很容易就回答上来了。所以，这一连串的急问能够营造热烈的课堂气氛，节省教学时间，锻炼学生敏捷的思维、灵活的头脑、热爱学习的品质。但也容易给教师造成一定假象，像这样急问型提问，一般内容较为简单，学生只要了解课文就能回答上来，因此，动脑的机会较少。

平问型

平问型问题就是教师提出的问题语气平缓，慢慢引导学生进行思考。例如，在传授《种子的力量》一文时，教师为了启发学生结合自己的生活进行思考，将问题设计得平缓，提问的语气平和，老师对学生们说："我们平时常见的植物种子发芽不觉得特别，可在作者笔下却给人以新鲜的感觉和深刻的启示，原因究竟在哪里呢？"这样的问题较为平静，学生听后慢慢进入思考，也不需要学生马上回答，给学生时间去回忆、去比较，从中受到启迪。平问的特点是提问时老师与学生学习气氛较为安静，教师的语气舒缓，学生可以慢慢思考，并不着急让学生马上回答。这种提问方式比较适合有难度的问题。

开拓型

开拓型问题用于培养学生把学到的基础知识及原理如何运用到创造性的活动中，具体可分为三种：

①方法性提问。主要目标在于引导学生巩固所学的知识，并教会他根据提问的类型，综合运用所学的知识，从而提高获取新知识的效率。

②规律性提问。主要目标是启迪学生用学到的知识去比较、分析、整理和归类，并学会发现其中的认知规律。

③创造性提问。主要目标是培养学生拥有丰富的思维与创造力。

提问类型的频率分析

心理学家瑞格就探索性提问进行了研究，他从三个方面研究了提问类型的出现频率。第一，提问类型在各门学科之间出现的频率较低；第二，提问类型在高能力班，中等水平班，低能力班，以及混合能力班之间出现的频率也较低；第三，提问类型在优等生和差等生之间出现的频率也低。瑞格的提问类型的研究还是有一定积极意义的，我们从中可以看出哪些提问类型出现的频率高，哪些出现的频率低，从而可以总结出提问的一般规律。

第三节　课堂提问的技能技巧

一、课堂提问的技能

在实际教学活动中，我们会常常发现同样的问题：如果这样提问，学生就会发蒙，不知如何回答，而如果换一种方式来提问学生的话，问题便会迎刃而解。

爱因斯坦说过："提出一个问题比解决一个问题更为重要。"对于课堂教学来说更是如此。对于课堂提问的设计成功与否，关系到教学质量的高与低、教学效果的成功与失败。

提问技能是指教师在教学活动中运用各种教育技术及其教学资源，向学生提出质疑问题，并通过学生的思考解决问题，从而达到启发学生心智、巩固知识和提高基本技能的教学方法之一。

比如当一位教师在讲梯形面积时，提出了如下问题：

1.怎样求长方形的面积？

2.怎样求平行四边形的面积？在求它的面积时。需要转化成什么图形？

3.求三角形面积时需要把它转化成什么图形？

4.由上面的问题，怎样求出梯形的面积呢？可以把它变为什么图形？

根据以上问题的提出，学生便开始积极思考来应答老师的问题了。

这样，在学生答题的过程中，他们的思维其实完成了一个推理过程。在他们思维中就是用学过的知识怎样一环紧扣一环地进行自然推导，最终得出了梯形的面积。答题的过程启发了他们的思考力，对问题的应答也就得心应手、顺理成章了。这样的提问，是可以把学生心中认知的矛盾展开的，从而积极引导他们探求知识的欲望，激发他们解题的兴趣。

课堂提问不仅有"问什么"的问题，还有"怎么问"的问题，这都是需要我们教师注意的问题。课堂教学提问要注意"怎么问"，就要讲究提问的方法与技巧。实际上，课堂提问没有标准的模式，提问的方法也是多种多样，教师要善于提问、精于提问。提出的问题，要问得"开窍"、问得"美"，这样才能够有效启迪学生的智慧、激发学生探索的兴趣。这其中要渗透着教师多少艰辛的努力与付出啊。

（一）选择问题

一般来说，在课堂教学中，教师对于要提出的问题一定要经过提前精心筛选，避免课堂提问的随意性。问题选择得当便能激发学生的求知欲望与兴趣。但是如果问题选择不当，就会让学生丧失学习的兴趣，难以达到教学目的。所以，教师在教学过程中可以从以下三个方面来把握。

第一，课堂提问要紧扣教学的重点和难点进行。第二，课堂提问要疑而不难，有一定的技巧性。第三，课堂提问要富于趣味性和吸引力。

总之，教师尽可能地选择一些与学生学习、生活密切相关的、富有趣味性的问题，激发学生自觉寻求答案的积极性。

记得有一个教学的例子，是在一节七年级地理课上，有一位老师正为学生们讲"世界人口"。这位教师在课堂上用大部分时间让学生计算几个国家的人口密度，学生在比较后，得出结果是中国的人口密度最大。当这堂课快要结束时，这位教师提出了一个这样的问题给学生："请同学们讨论一下能不能用迁移的办法平均一下世界人口？"这位教师的想法是让学生展开讨论，这本身没什么问题，可问题偏偏出在提出的"问题"上。

这"平均人口"的办法是能用简单的"能与不能"来回答的吗？这是七年级学生能回答得了的问题吗？很显然这位教师提的问题范围太广了，不仅启发不了学生回答问题，反而加大了回答问题的难度，使学生无所适从。

从以上这个例子看出，一个好的提问应该包含最基本的知识点、突出知识的重点与难点。问题难度深浅合适、与其他问题关联密切并有较大的引申余地等等。课堂上的教学提问看似随机应变，但实际上教师的功夫都在课堂外。要求教师既"备"好教材、又"备"好教法、又要"备"好学生，认真钻研教育教学理论。掌握教学规律，不断改进课堂教学方法。把握好提问的时机课堂提问的时机得当就能够最大限度地调动学生的学习兴趣，就能起到事半功倍的效果。如果时机不当就会分散学生的精力，起到适得其反的效果。俗话说，良好的开端是成功的一半。在课堂一开始时设疑提问，学生注意力最集中，借此设问可以迅速起到激发学生的探求知识的热情。

有位教师在讲六年级的数学"轴对称图形"一节课时，首先让学生先复习已学过了哪些平面图形，再让学生仔细观察图形中的共同特征，启发学生通过对折图形的对比，发现问题。学生们纷纷动手折图形，一节课上得兴趣盎然，学生们也轻松愉快地学会了轴对称图形的相关知识。这位教师不仅很好地抓住了提问时机，而且使学生的思维能力得到了进一步提高。

在教学进行到课程中间时，教师应根据课堂教学的实际需要，选择学生注意力最集中、精力最旺盛的时候提问，因为此时学生急需教师通过各种途径提出疑问，以便激发他们的求知兴趣。在课堂教学进行到课尾时提问，可以及时考查学生对本堂课所学的知识的掌握程度，找出所讲授内容上的不足点，以便及时调整计划，及时修正弥补授课中的不足，同时又可以引导学生们提前预习下一节新课的内容，这样岂不一举两得？

（二）反向提问

反向提问主要是指对现有的资料进行反向思考而提出问题的一种教学方法。这类问题的提出常常能引发学生的创造性思维。它可以开阔学生的思路，引导学生过渡到逆向思维，有利于学生突破旧有的思维定式，产生新颖、独特的想法，这也是发展学生的创造性思维所必须具备的一种教学方法。这种提问常常使用"不""无""反"等词语。比如，"不这样可以吗？""为什么不那样呢？""反过来会怎么样呢？有的学生反而以"弄斧到班门"为题。树立了一种不耻下问、虚心学习、虚心求教的良好品质，而这样的品质对于提升一个人的素质非常重要。这个立意就是逆向思维的结果。

（三）迂回提问

迂回提问法是指教师不正面揭示问题，而是迂回曲折地把问题摆出来。这种提问富于启发性，能吸引学生探究和发现问题的症结所在，使他们对问题的根源产生不断挖掘的精神，并找出问题的本质，从而达到解决问题的目的。这种迂回提问法的确能激起学生思维之弦，起到"投石击破水中天"的效果。

比如某位教师在讲授《愚公移山》时，用两个典型的范例来说明：卜对"愚公年且九十"中的"且"字，教师没有直问其意，而是问："愚公九十几岁？"学生稍感疑惑之余，顿悟"且"为"将近"之意，愚公还没到九十岁，只是将近九十。对"邻人京城氏之孀妻有遗男"中的"孀"字与"遗"两字，这位教师没有对学生直接说出字的意思，而是提出问题："邻居家的小孩去帮助愚公挖山，他爸爸同意吗？"学生看了课文都高兴得笑了起来，说："他没有爸爸呀！"教师又问"你是怎么知道的！"学生答"因为他妈妈是遗孀，他是遗男呀！"这样，学生就自然而然地掌握理解了"孀、遗"二字的意思。

（四）联想方法

联想方法的提问主要是从学生掌握的知识情况出发，通过知识内容的前后联系，让学生自己类比出新的知识结构，达到知识转移的目的，从而培养学生发散思维的能力。

比如，在讲授《老山界》一文中，对于红军战士在第二天吃早饭"抢了一碗就吃"中"抢"字的用法，学生可能一下子难以理解，教师不妨换个角度来问学生："抢"字是否说明了红军战士不遵守纪律呢？又比如小明起床晚了，当妈妈煮好早餐后，他抢了一碗就吃，然后急急忙忙上学去了。小明的"抢"字与本文中红军战士的"抢"字有什么不一样？通过这一类比分析，学生对红军战士"抢"字这一动作性的用词，理解上就更明确了。

这种联想方式的提问可以结合其他教学提问的方法综合运用，才能达到应有的效果。

二、课堂提问的技巧

课堂提出的问题需要教师在备课时进行精心设计，问题设计一定要符合学生的心理特点，只有构思巧妙的问题、符合学生心理特点的问题才能够激活学生的思维，启发学生去探索问题，去发现问题，从而获得知识。反之，则会使学生厌烦，降低学习的兴趣。因此，教师在设计问题时要力求巧妙、精当。

（一）课堂提问的数量

关于课堂教学质量的高低，我们不能用提问的次数多与少来衡量。根据观察和研究，课堂提问的数量应按照教材教学科目的不同及课文内容的包含量来确定。在一般情况下，关于抽象理论内容方面的课程提问不应多，在教授新课时提问也要少；讲授具体知识内容的课提问也不宜多，在上复习课、巩固课时提问可以多些。但也不能绝对化，可因课堂上的具体情况而定。

（二）课堂提问的质量

根据提问的数量，可把提问分为高水平的提问和低水平的提问。高水平的提问主要是指有两个以上答案的提问，低水平的提问是指仅有一个答案的提问。高水平的提问可较好地启发学生的思维，因而教师平时备课时应多准备这类提问。尤其是当学生的回答出乎教师的预料之外时，教师更应维护、鼓励学生的探索精神，而不要将教师预设好的答案强压到这道问题的答案上来。低水平的提问并不意味着教师没水平、没能力，关键是教师应根据学生的实际情况和教学内容，正确地运用好这两种提问方式。

（三）提问的节奏

教师提问的快慢应包括两个方面的内容：一是说话语气的节奏，包括语调的快慢，语句之间的停顿、关键词语的重复等等；二是从问题的提出到解答应有一个时间间隔，这段时间应该多长，教师可以根据课堂提问的情况具体把握。据考查，从学生听清问题（理解）到准备答案（包括语言组织）至少需2~10秒的时间，根据问题的难易程度间隔的时间也不同；教师提问时至少要请学生站起来回答，根据学生的性格特征而差异较大，间隔时间从5~30秒不等。因此，教师的提问需关注到问题的难易程度及语言的表达、学生的个性等等因素，来正确掌握提问的快慢节奏及时间间隔。

（四）善用激疑的艺术

善用激疑的提问艺术是启发学生能积极提问的关键。朱熹说："读书无疑者，须教有疑。"教师巧设疑问，可以激起学生的求知欲和思维的积极性。所以激疑提问艺术，既是教师进行教学的常用方法又是教学中不可或缺的重要步骤。因为，只有善于激疑提问，才能引起学生的积极思考，因而，学生才能积极提问、善于提问，并通过师生的共同释疑才能达到掌握知识、开发脑力的目的。激疑方法主要有以下几种。

1.悬念法激疑。悬念就是提问的主题思想会对学生产生悬念与疑惑感，为解开心中的疑惑，学生们会在以后的学习过程中时时注意，处处留心身边发生的人与事，来寻觅答案。这样可以激发学生强烈的求知欲望。

2.导谬法激疑。对于有些似乎浅显易懂的原理，学生往往一目数行，不求甚解，因此难免会一知半解，甚至发生误解。为此，教师要善于抓住学生容易误解的地方，巧妙设计疑问，并让学生展开讨论，找出谬误，通过大家的互动，才会使学生们对问题最终恍然大悟。

3.排谬法激疑。此种方法一开始就会把迷路堵死，如果能绕开"迷点"避重就轻地巧设问题，让学生解答时由易到难，逐步解开知识的迷点，才能对教材中的知识难点有所突破。

4.递进法激疑。对于层次多、范围广的教材内容，教师可以用剥笋壳的方法对提问层层深入，逐步渗透，从而递进激疑，以多化少，以繁化简，最终达到教学的目的。

5.比较法激疑。对于学生容易混淆的概念与原理，教师可以用比较法激疑提问。学生通过比较，找出知识的内在联系，从而理清解题思路，找到最佳的解题方法。

6.转化法激疑。知识有时候需要内在的转移与联系，对于具有转化联系的知识型概念与原理，教师就可以用转化法激疑提问，来加强学生的知识联系。明确转化条件。

7.极端法激疑。在讲授相同知识原理及概念时，相关的知识原理都应具有一定的"度"，如果提问超过了这个"度"，将它推向极端，就曲解了问题的含义。

8.反问法激疑。对于有些原理知识点中的主次关系也要很好地把握，让学生分清主次很关键，断然不可本末倒置。但在实际应用上常常被忽略，这类知识点教师可用反问式激疑提问，这对于学生加深理解原理，牢固掌握科学的学习方法尤为重要。

9.串联法激疑。复习阶段的一个重要任务就是要求学生把以前学到的个别概念、知识及原理用串联激疑提问法将学生学过的零碎知识点串联起来，使学生系统地、有效地掌握知识，为今后在人生道路上，学会运用知识去分析问题、解决问题打下坚实的基础。

第四节　常见的课堂提问误区及方法

一、课堂提问的误区

课堂提问要审时度势，明确提问主题，及时、积极地评价学生的答案，优化学生原有的知识结构；回答正确的问题，其学生原有的知识结构会得到肯定和强化；回答错误的问题或不全面的问题也要给予及时纠正与调整，改变原有欠缺的知识结构。

在教学活动中，有些教师忽略了课堂提问的重要性，抓不住"提问"这一教学的实质，而使课堂提问带有很大的随意性，出现了一些简单化、形式化的教学方式。所以，在教学活动中，有些教师还存在着认识上的误区。据分析一般有以下几种误区。

（一）将提问当成传授正确答案的方式

教师提问过后，便将目光盯在自己设计好的正确答案上，只要有哪个学生能说出这个答案，就算是知识领悟到位了，就对其他依然举着的手的学生视而不见，就开始进行下一个问题的学习了，这显然是不妥当的。教师完全可以让举手的学生来回答，可以让学生提出不同观点，慢慢引导学生去探究问题的真谛，让学生找到正确思考问题的思路，找到自己的答案错在什么地方，这样学生不仅能心悦诚服地接受老师的指点，而且还锻炼了学生的思维能力，发展了潜能，提高了课堂效率。对于一些开放性的问题，学生的回答有时候还可以对老师的答案起到补充作用。

有时候，教师总是进入一个摆脱不掉的误区，就是好不容易设计出了一个问题，却懒得提问学生，然后自己来回答问题；有时候就是提了，让学生来回答，当中又迫不及待地打断学生的回答来自己完成回答。这样怎么能起到启发学生的思考呢？这样的结果，会使整个课堂只能听见教师自己的答案，而没有学生的参与，学生也不知道自己的答案是对还是错，如果教师进行这样的教学活动，显然是违背教学宗旨的。提出的问题不让学生回答，教师自己解决，学生们又怎么会思考问题、解答问题呢？教师的这些教学行为往往使学生感到万分沮丧，从而使学生对待教师的提问只能是消极对待。假如问题确实太难，教师应该因势利导地启发学生去积极思考或留给学生思考问题的时间。

（二）提问过于频繁，问题数量过多

教师教授新课程时，切忌"满堂灌"。怎样充分调动学生学习的主观能动性，才是我们教师首先要研究的问题。有的教师在课堂上采用简单的问答式，一问一答，学生忙得不亦乐乎。但实际上学生的思维并没有得到发展，仍在同一水平上不断重复。一些课程表面上看好像热热闹闹，实际上很少有学生能动脑提出自己的见解。我曾做过一项调查发现，一堂45分钟的课，教师平均每分钟就要提一个问题，学生被教师诸多的提问牵着鼻子走，哪有时间进行独立思考哪？他们往往在教师一个接着一个问题的"轰炸"下，"不假思索"地忙着回答和应付老师的提问。表面上看好像是师生互动，实际上是用提问的方式在"灌"学生，这样上课的方式最终是行不通的。我们应该在怎样提高学习的思考力与主动性上下功夫。

所以，教师授课时根本不在于多问，而在于善问与巧问。提问过多过滥，学生应接不暇，没有思考的余地，必然会影响他们对知识的理解和学习的兴趣，这样又怎么能激起学生主动思考的积极性呢？

（三）提问只针对一小部分学生，忽视观察问题对学生的整体反应

大家都知道，学生们来学校是来学习知识的，因而，教育面向的就是全体学生。所以，课堂提问就应有较大的广泛性，教师在提问后应环顾全班，观察学生

对问题的反应。教师在提出问题后的停顿期间，当学生对问题不能正确回答时，提示与探询是必要的。对学生答案中出现的错误或不确切的内容，或者思维方法上的不足，要及时给予提示，以点带面。对于如何提高培养优等生的教学方法以及如何提高差等生的参与程度，都是我们教师需要重视的问题。在实践教学活动中，有时，教师还要善于运用探询的方法帮助学生更深入地思考，以便让学生给出更完整的答案，最终达到满意的效果。

（四）不善于倾听学生正在回答的问题

在课堂教学中，教师常常不太善于倾听学生正在回答的问题，这样的教学方式要扔掉。作为教师，不仅要会提问，而且还要会听。成为好的倾听者必须注意用肯定的态度和听的技巧。作为教师，你可以自己来体察自己的一些行为和举止，也可以从别的教师中去寻找答案，这样就会对自己有一个正确的认识。那么，在教学活动中，你是否始终集中你的注意力？对学生的提问是否一直保持着感兴趣的态度？作为教师，仅仅做到这些还不够，因为倾听是一门综合艺术，它不仅蕴含着一个人的行为、认知和情感等诸多方面，而且还蕴含着一个人的修养与学识。

教师在倾听学生回答问题时，要将自己的全部注意力都放在学生身上，给予学生最真诚的关注，这也是教师对学生的尊重。学生从教师的这些行为中可以看到积极的情感反应——老师对我回答的问题很在乎，我回答的一切老师也很重视。相反，如果你坐立不安，目光游离，表现出不耐烦的样子，在教室里晃来晃去的，或将目光移向窗外或观看其他同学的小动作。那么学生会从你的非言语行为中得到完全相反的判断——我可能回答错了，赶快打住吧。这样就会影响学生的正常思维，达不到应有的效果。所以，我们要尽量避免这些非言语方面的举止。

当学生回答的问题有些只有部分正确或答案不完整甚至完全错误时，有些教师只是简单地说："你离题了""不对""不正确"等等，这样给予学生的绝对是消极的反馈。有些时候，教师有意出些刁钻古怪的题目让不认真听讲的学生回答，当学生答不上来时便加以冷嘲热讽，以示惩罚。实际上，这些都是消极的教学方式，不仅会降低学生参与课堂交流的积极性，同时，也降低了我们教师良好的师德形象，这是得不偿失的。要改变这一不良效果，教师除调整好心态外，还可以运用启发性方式来提问学生，改变一下提问策略。例如，以下的提问语句"你再仔细想想，看还有没有要补充的?"" 不，并不全对。"" 你能告诉我是怎样得到这个答案的吗?" 这些不带任何消极感情色彩的中性词语，不仅能保护学生的自尊，也能让学生们从容做答，因此，教师要常用这样的中性词语。

二、教学提问的方法

课堂提问是教师最常用的一种教学技能和教学方法，课堂提问是讲究方式方法的，方法运用的好坏直接影响着课堂效果，而课堂提问是一种最直接的师生互动活动，这种活动与教学效果息息相关。

（一）课堂提问

课堂提问是教学提问活动的首要环节，怎样提问、如何提问，可以体现教师提问的艺术水平。简而言之，以下几个方面决定了提问的艺术性。

1.提问时机

在课堂教学过程中，教师随时都可以提出问题，但只有在最佳时机的提问效果最好。那么什么时候才是最佳提问时机呢? 经过仔细观察，就是当学生处于孔子所讲的"心求通而未得，口欲言而不能"的"愤悱"状态的时候。此时学生注意力最集中、思维最活跃，对教师的提问往往能入耳入脑、入心，把握好这样的时机课堂提问才能取得良好效果。最佳提问时机既要求教师敏于捕捉、准于把握，也要求教师巧于引发、善于创设提问。有好的提问时机被错过或教师根本没有机会提问，这样都会给教学效果带来损失。

2.提问对象

教师向学生提问，　定要注意两点：一是面向全体学生。即提出的问题要面向全体学生。课堂提问，虽然每次回答的只是少数学生，但必须照顾到大多数学生的学习热情，学生的整体意识不能忽视。教师应要求全体学生都认真思考，做好回答的准备。在一般情况下，教师可以先提问基础中等的学生，同时提醒全班学生尤其暗示差生也要认真注意听讲，待中等生答得差不多时，再请优秀生补充说明答案。教师切忌先点人后提问，更不要先问优秀生，忽略中等生，冷落差等生，以免造成"少数人表演，多数人陪坐"的现象。二是区别对待。教师可以针对学生的个性差异，比如：个性特点、学习程度、知识基础、能力水平等的不同，教师在提问时都应心中有数，可以运用不同的提问方式提出不同的问题类型及不同层次的提问。否则，容易易造成师生间情感的隔阂，影响师生关系的融洽，从而影响教学效果。

3.提问顺序

教师提问应讲究提问的先后顺序，这样的教学提问才能使教学内容有条理，也容易让学生理解和接受。因此，在教学活动中，提问应在内容的难度上遵循由浅入深、由易到难、循序渐进的规则。正如《学记》中所说："善问者如攻坚木，先其易者，后其节目，及其久也，相说以解。不善问者反此。"所以，讲究提问的先后顺序对我们的教学效果是有一定积极意义的。但还需要注意一点，教师的提问切忌按座位顺序点名提问，这样达不到应有的教学目的。因此，我们要尽量避免。

4.提问方式

教师提问方式方法应注意灵活多变，可以先从解题入手，也可从中间开刀，甚至也可以从结尾开始，逐渐往前推进；可以采用口头提问形式，也可以用书面提问形式；提问可以相对集中，也可以让其有意分散；可让个别学生作答，也可让全班同学展开讨论等等。

5.提问语态

教师提问时的语气和态度非常重要，它直接影响着学生的学习情绪。因为在某种意义上可以说：艺术性的提问=陈述语气+疑问语缀。比如，"你以为如何？""你同意吗？""你能告诉我吗？"必要时可以将提问的内涵做一下延伸，以引入问题的"缓冲区"，以便获得更深的对话契机："为什么要那样？你是怎么想起那种方法的？"如果教师再加上点鼓励和期待的话语，学生的回答就可能会更精彩："还有不同的看法吗？""有没有新的看法？""谁还有更合理的想法？"一句接一句的引申式提问，使得每一位学生积极动脑，展开多向思维，寻找其他答题方法。

（二）待答

通过研究表明，在教学活动中，尤其是在课堂提问中，教师有两个最重要的停顿的时间，即"第一等待时"与"第二等待时"。所谓"第一等待时"，是指教师在提出一个问题后，要有一定的等待时间，不要马上重复问题或指名让某个学生来回答问题。"第二等待时"是指学生回答之后，由于学生对问题可能要作详细说明、斟酌、补充、或改变回答，教师对此也要等待足够的时间段，再来评价学生的答案或者再提出另外一个问题。上述第一等待时为学生的回答提供了充分思考的时间，第二等待时给学生以时间来思考问题，使学生们能完整地做出正确回答，而不致中断他们的解题思路。心理学家们经过多项对比试验得出，如果给提问过程增加3秒的等待时间或更多些的话，得出的结果是这样：等待的时间稍长对学生的语言行为有以下的效果：①学生回答的时间长度和语句数量都有所增加；②"我不知道"和回答不出的现象减少；③思辨性的思维事例增加；④提出了更多证据，在提出证据之后或之前都有推理性的叙述；⑤学生提出问题的数量和学生计划收集资料活动的次数都增加了；⑥成绩差的学生的回答也增加了。他们甚至测定，设置必要的停顿时间以后，学生的语句表达量可增长300%~700%。在这之前，学生平均回答某个问题只用词只有4~7个。而在这之后则增加到30多个了，效果显而易见。

（三）助答

当学生回答问题不够准确、完整、流畅，甚至完全"卡壳"时，教师应耐心等待其继续回答并积极设法协助学生完成答案，一般可根据具体情况采取以下措施：

1.再次申明题意，可重复提问

有时当学生没听清或没理解全部题意而答不出或答不好时，教师可再次申明题意，重复提问，重点突出提问中的词句，以示提醒，帮助学生深化理解题意，扫清问题中对题意理解的障碍。

2.分解难点，化难为易

有时学生对提问的难点吃不透、摸不准、回答不了，说明问题难度对他来说可能大了些。教师可将难点分解成小的问题，降低难度和坡度，帮助学生消除回答不了问题时的畏难情绪，促其提高回答的热情。

3.转换角度，另辟蹊径

有时学生对从某个角度看问题觉得陌生或难以理解，这时，教师不妨变换一下问题的角度，进行变向式提问，以帮助学生从新的角度分析和攻克问题的难点，达到解题的目的。

4.适当提示，巧用点拨

有时学生的思路误入歧途或不得要领，教师可以给予适当的语言提示，指点迷津，以助学生的思维走出误区。

5.补充修正，以求完善

有时学生对所要回答的问题准备不足或因其他缘故，回答得不够完整、准确，或难以独立完成答案时，教师可视情况请其他同学补充答案、助其修正答案或替同学回答，也可由教师本人做这些工作，以帮助学生将问题回答得全面、完整。

（四）总结

在课堂答题结束后，教师要对学生的回答及时进行总结，正确地指出其答案的优点或不足。如果有必要，教师可复述正确答案或再作简单讲解，这样可以照顾到中下等程度的学生的接受能力；也可以请学生复述正确答案，以加深对答案的理解。教师对学生的回答作评价时，一般应从学生掌握知识的范围、知识的广度、知识的巩固程度、错误的数量与性质、口头表达能力、是否有创见性等六个方面来进行综合评价。这对教学问答的总结，对学生所学知识的系统与综合、认识的明晰与深化等，都起着非常重要的作用。但目前存在着较为普遍的问题是，教师对教学答问的总结的重要性往往缺乏必要的认识，对学生答问有时采取放任的态度，对答问不正确的也不予修正，答问不完整的也不予补充，零散的意见也不予综合、归纳，肤浅的认识也不予深化。虽然课堂上有问有答，看起来好像热闹非凡，但"散乱的谈话"不能形成"决议案"，学生对教师提出的问题始终没有清晰、明确、完整的认识。有时，有些错误因老师没予以修正，可能会导致学生"自以为是"，将本来是错误的知识当成正确的知识而印入脑海，从而误人子弟，那就是教师的失职了。这是要引以为戒的。

三、课堂提问要精心设计

课堂上教师所要提问的每一个问题，都是经过精心设计、合理规划的，这样才能摒弃提问的随意性。日本教育界在20世纪80年代初曾用两年时间专门开展

"什么是好的提问"的讨论。讨论的结果认为，好的提问应该具备以下特点：1.表现教师对教材的深入研究；2.与学生的智力和知识发展水平相适应；3.能激发学习的欲望；4.能有助于实现教学过程中的各项具体目标；5.富有启发性，并能使学生自我反省。这些均可以作为我们的教师在设计教学提问时一个不错的参考。那么，具体怎样设计所要提问的问题呢？

（一）根据教学需要，在关键处设置问题

提问设计是教学的需要。在教学中教师需要提问，而且提问必不可少，所以，精心设计提问确保教学效益是教师不可或缺的真本领；在教学中如果不需要提问，则不必勉强去问，以免画蛇添足。如果确需提问，那么提问又应设在何处呢？

1.加强理解教材的关键处。这些关键处是指那些对学生的思维有统领作用"牵一发而动全身"的地方。比如，中学语文教材《孔乙己》这篇课文中，有多处地方出现了一个"笑"字，这个"笑"字实际上就是作者精心构思的"文眼"。抓住这个"笑"字设疑提问，就可以引导学生层层深入地发掘文中所蕴含的深意。有位语文教师围绕这个"笑"字设计了一连串的问题："孔乙己一出场，就有一个字伴随着他，这个字谁知道？""课文中哪些地方表现孔乙己的可笑之处？""周围的人为什么都讥笑孔乙己，这反映了一个什么问题？""孔乙己在讥笑中悲惨死去，造成这一悲剧的原因是什么？""我们读了《孔乙己》，非但笑不起来，心中还有隐隐作痛的感觉，这是为什么？"这些问题，处处问到了点子上，每个人都能激起思维的波澜，引起学生热烈的讨论。对"笑"的问题研究透了，学生对全文也就理解透了。

2.加强学生认知矛盾的焦点处。认知矛盾的焦点处是指学生在认知上最感困惑的地方，而这些往往就是教学中的重点和难点所在，在这里设疑提问，也最容易引起学生的积极思考与浓厚兴趣。

3.看似无疑实则潜藏有疑。看似无疑是指学生在学习中的思维仍停留在浅层面上。不是真的没有问题，而是学生没有发现深蕴其中的问题。教师在此处提问激疑，可以促使学生的思考由表及里、由浅入深，培养学生发现问题、解决问题的能力。比如，有位老师教《截肢和输血》一课文时，看到学生很快读完课文却又提不出什么问题，就转身在黑板上写道："课文中为什么不详写白求恩如何为伤员截肢?"学生由这个疑问得到启发,对课文中作者省略写的句子或省略写的景物、人物、动作细节等都提出了问题,并展开了热烈的讨论。在教学中,我们怎样来设计问题使问题结构更合理、更简明呢?下面我们就此来谈谈这个问题。

（1）组成简明合理的问题结构

研究表明,问题是由题设和问式组成的。比如,在"什么叫作放下包袱呢?"这一问题中,"什么""呢"和问号"?"是问式。问式是表达问题疑问的部分,由问词和问号组成。"叫作放下包袱"是题设。题设是问题的已知部分,由词语、短语或语句构成。这里的"已知部分"是隐含在题设中的判断。题设的内涵宽广与否,是问题内容的范围,称为"问域"。

如果提问题的问域太广、太大或问域又太狭窄,都会使提问没有实际意义和价值。这就是说,提问必须有恰当的问域。题设中的判断,包含的已知的和隐藏的某种思想,称为问题的"预设"即,它是指问和答双方共同理解的事物和意识。

（2）设计恰当的问题难度与坡度

在教学中,对问题的设计一定要注意其难易相当。因为,问题的难度与坡度直接影响到学生答题的心理。有的心理学家研究,把问题从提出到解决的过程称之为"解答距"。

所谓"解答距",就是让学生经过一番思考才能解决问题,让思想的"轨迹"有一段"距离"。这纯属记忆性的问题,学生只要重复记忆就可完成所答。有时,教师问上句,学生答下句,像这样不经过思考即可回答的提问,是不存在什么"解答距"的。一般说来,根据"解答距的长短,提问可以分为四个级别:第一级,属于初级阶段,所提的问题,学生只要参照学过的例题、例文就可以回答,这样的问题,属于"微解答距"的范畴。第二级,属于中级阶段,所提问题,并无现成的"套子"可以照搬,只不过是现成"套子"的变化与翻新,这样的问题,属"短解答距"的范畴。第三级,则是高级阶段,所提的问题,要求学生能综合运用学过的知识进行解答,而不是简单地照搬、照抄或变通,这属于"长解答距"的范畴。第四级,则是超高级发展阶段,这阶段属于创造阶段,所提问题,要求学生能采用特有的方式（无现成的方法可以参照）去创造性地解决问题,这属于"新解答距"的范畴。教师应从学生的实际出发,合理调配提问中四个等级的问题坡度,为学生架设从已知通向未知的桥梁,使学生能够在教师的引导与启发下通过自己的努力，一步一步地拾级而上直达知识的顶峰。

四、课堂提问的优化设计

教育心理学曾揭示出，学生的思维过程往往是从问题开始的。古语亦云：学起于思，想源于疑。有些名师在教学过程中，总是想方设法点燃学生思维的火花，激发他们的求知欲望，并有意识地培养他们发现疑难问题、解决疑难问题的能力，有效引导学生一步步登上知识的殿堂。然而，并非所有的课堂教学提问都能达到这样的效果。对于那些肤浅、平庸的提问，单调、陈旧、八股式的提问，如"牵牛"、似"钓鱼"置学生于被动地位的提问，这种教学方法，就只能抑制学生的潜能，与开发学生智能的宗旨背道而驰。因此，我们必须抛弃不恰当的提问方式，实现课堂教学提问的优化组合。不但要研究问题的类型、表达提问的策略、技巧等，更重要的是，还要深入探讨提问优化设计的标准与原则。

孔子提倡教学要"不愤不启，不悱不发"，以上几种心理状态正是处于"愤"与"悱"的境地，这些都能收到良好的效果。

（一）目标的明确性

课堂提问必须遵循以教学目的为先导。教师在深入钻研教材的同时，还要研究提问的技巧与艺术。每一次课堂提问都必须以落实教学目标、完成教学任务为宗旨。因此，根据课堂教学的实际需要，教师可设计主题明确的提问，比如，课堂组织的定向性提问、了解学生情况的摸底性提问、对学习方法的指导性提问、对知识理解的启发性提问、对融会贯通的发散性提问、归纳总结的聚敛性提问、温故知新的复习性提问等等。这些提问都具有明确的教学目标，归纳起来，大概有如下几条：

①提问激发了学生的创造力；

②提问能对学生所学的知识有一个总体评估；

③提问能鼓励学生独立学习、独立思考；

④提问能提高学生思考问题和解决问题的能力；

⑤提问能协助学生作答，使学生对自己的学习有一个良好的感觉；

⑥提问能激发学生的学习兴趣；

⑦提问能有效开展课堂讨论，使全体学生都有参与思考的机会。

要想达到上面提问的课堂教学效果，是需要我们的教师付出一定的辛劳的。因此，从上面几条可以明显地看出，好的课堂提问不是随便便提出的，而是教师精心设计的结果。

（二）提问内容的清晰性

按照教学程序、课堂结构来精心设计提问。提问也必须根据教学的需要、所提问题应该是遵循由浅入深、由简到繁、层层深入、环环紧扣的原则来进行，提问内容也要能体现出知识结构的严密性、科学性与条理性，从而给学生以清晰的条理感，使学生在教师提问的引导下，一步步地走入知识的殿堂。

（三）提问时机的选择性

怎样把握好提问的时机呢？首先，课堂提问主要关注的是学生的心理状态，根据学生不同的心理状态来提问，并有针对性地选择课堂提问的最佳时间。那么，课堂提问的最佳时机主要有哪些方面呢？教学经验得知，当学生思维困于一个小天地而无法突围时；当学生受旧知识影响无法顺利实现向新知识的转移时；当学生对问题疑惑不解、一筹莫展时；当学生胡思乱想、精力分散时；当学生有所感悟、心情振奋、跃跃欲试时，这些都是教师提问的最佳时机，如果好好利用，课堂教学效果是不言而喻的。

其次，教学视角度也是课堂提问时机选择的重要依据。提问的时机一旦迎合了教学需要并与教学视角相吻合。那么，可以说教师选准了"最佳提问时机"。这种最佳提问时机一般是这样一种情境：当教学进行到教材的关键处时，当教学进行到教材的疑难处时，当教学进行到教材的精华处时，当教学进行到教材的矛盾处时，当教学进行到教材的深处时，等等。这种教学的"视角"与教学需要相结合的时候，就是对学生提问的最佳时机。

再次，把握时机的决策因素也是根据教学进程，教师可根据教学进程中的具体情况而灵活选择提问的时机。

（四）提问方式的灵活性

教师在设计课堂提问时切不可生搬硬套，提问类型应灵活多样。比如，揭示课题的中心思想可采用启发式提问；初读课文时可采用疏导式提问；深钻课文时可采用探究式提问；单元总结时可采用比较式提问；品尝精华时可采用鉴赏性提问；复习巩固时可采用归类式提问等等。同时，教师还必须注意课堂上出现的异常情况，一旦发生，教师应灵活处理。当然，教师还可以当堂设计一些调控课堂秩序的提问来调整教学活动。学生回答出现错误是正常情况，教师应迅速准确地判断出学生出错的地方，并适时设计出一些针对性强的新问题，从而化解学生心中的疑难问题。

（五）提问内容的针对性

教师可以结合教学内容，针对教学中的关键点、难点，精心设计几个关键性的提问，帮助学生对知识的全面理解和掌握。所提问题主题必须准确清楚，符合学生的学习特点，适合学生已掌握的知识水平。切忌提问含糊不清、模棱两可。有人说过这么一句话："教学的重点好像是统管数十盏电灯的'总开关'。是四通八达的交通'枢纽'，教学如果不掌握重点，就不能有真正的教学质量。"对教学提问来说，让学生掌握知识重点尤其关键。在有限的时间里，抓住重点，突出要害，才能做到牵一发而动全身。设计提问，一不要面面俱到，主次不分；二不要频繁提问；三不要太繁琐，要给学生回答问题的时间，创造最佳效果。问题的答案是预先确定好的，即使是发散性的问题，其答案也应在预料之中。所以，教师在设计提问时，要避免答案的不确定或问题超越学生知识水平。

对于不同层次的学生所提的问题应有所不同。对认知水平较低的学生，可提一些概念性的知识点让学生在头脑中形成知识的记忆点，以加深印象；对认知水平较高的学生，则可提一些综合应用、分析理解、总结评价之类的"高层次"问题。

（六）提问的诱导与启发性

课堂提问的内容是否有启发性，这关系到提问是否有利于学生智力发展，这是最关键的问题。教师提问内容过浅，学生的脑力活动就调动不起来；提问过深，则学生不知道从哪里入手。维果茨基认为："只有设在最近发展区的教学，才能更好地促进学生由潜在水平转化到新的现有水平。"这对教学提问如何促进学生的思维能力的发展具有指导意义。教师在教学中以发展思维为主线，设计教学中的提问，切忌提问不经思考随口便提"是"或"不是"，"对"或"不对"这样的问题。教学提问一定要起到有效地促进发展学生的综合分析能力的作用。多采用启发式提问，如析疑解难式、求同提异式、辨析判断式、归纳总结式等，这些提问的内容都是能够激发学生强烈的求知欲望，达到引导思维、开发智力、培养能力的目的。

当然，提问的形式也是可以创造的。凡能吸引学生注意、引起学生兴趣、激发学生思维的提问方式，都可以借鉴或采纳。只要教师心中有"纲"（教学大纲）、胸中有"本"（班级学情），就能创造性地设计出具有启发性的课堂提问来。

（七）提问的难易与适度性

对于难度较大的问题，教师一定要精心设计，充分掌握提问的难易适度，把它分解成一系列由浅入深、由繁到简、从易到难的小问题，使学生通过问题解答，逐步突破难点、把握要领、掌握知识原理，力避那些"对不对"之类的过于简单的提问。但提问也不可过难，只有适量的提问、恰当的过度，才能引发学生的认知冲突，提高兴趣。与此同时，对不同水平的学生也应视其具体情况来把握提问难易度，使全体学生都能从解答问题中享受到获取新知的欢愉与乐趣。教学提问只有在与学生个人努力应答的情况下，才是值得称赞的。赞科夫认为，对学生来说，教学内容应具有适中的复杂程序和难度。这对我们提问具有启发性，一是提问要"适中"。二是提问要有"度"。因此，优化课堂提问，保证教学效果，必须根据学生认知水平的不同，做到提问深浅难易、范围大小都恰到好处。

参 考 文 献

[1] （美）科特勒. 教师必备的咨询技能[M]. 北京：中国轻工业出版社，2012.

[2] 齐学红. 班级管理[M]. 武汉：武汉大学出版社，2011.

[3] 郑立平. 把班级还给学生[M]. 北京：中国轻工业出版社，2010.

[4] 纪微. 班主任开展主题班会技巧[M]. 长春：东北师范大学出版社，2010.

[5] 唐劲松. 点击中美课堂[M]. 北京：教育科学出版社，2010.

[6] 王春. 向魏书生学什么[M]. 长春：吉林大学出版社，2009.

[7] 易红郡. 英国教育的文化阐释[M]. 上海：华东师范大学出版社，2009.

[8] 赖秋江. 班级经营100招[M]. 北京：首都师范大学出版社，2009.

[9] 田恒平. 班主任理论与实务[M]. 北京：首都师范大学出版社，2007.

[10] 黄厚江. 预约课堂的精彩[M]. 桂林：漓江出版社，2015.

[11] 马长安. 优秀语文教师教学艺术[M]. 合肥：合肥工业大学出版社，2014.

[12] 黄厚江. 享受语文课堂[M]. 北京：教育科学出版社，2012.

[13] 李镇西. 我的教学笔记[M]. 桂林：漓江出版社，2012.

[14] 倪三好. 优秀教师的语言艺术[M]. 芜湖：安徽师范大学出版社，2012.

[15] 中华人民共和国教育部. 义务教育语文课程标准[M]. 北京：北京师范大学出版社，2011.

[16] 纪微. 教师课堂提问艺术与技巧[M]. 长春：东北师范大学出版社，2010.

[17] 董一菲. 董一菲讲语文[M]. 北京：语文出版社，2008.

[18] 钱梦龙. 钱梦龙与导读艺术[M]. 北京：北京师范大学出版社，2006.

[19] 于漪著. 于漪与教育教学求索[M]. 北京：北京师范大学出版社，2006.

[20] 胡小萍，叶存洪. 班主任工作与班级管理艺术[M]. 南昌：江西高校出版社，2007.

[21] 丙秀军. 班主任班队活动管理艺术[M]. 长春：东北师范大学出版社，2010.

[22]　关月玲. 班主任的管理艺术[M]. 咸阳：西北农林科技大学出版社，2014.

[23]　锦华. 课堂提问的艺术[M]. 沈阳：万卷出版公司，2014.

[24]　李慕南. 班主任班级管理的艺术[M]. 沈阳：辽海出版社，2011.

[25]　李云会. 教师管理课堂的艺术[M]. 长春：东北师范大学出版社，2010.